¡Libres
de la
violencia
familiar!

Amparo de Medina

EDITORIAL MUNDO HISPANO

EDITORIAL MUNDO HISPANO
Apartado 4256, El Paso, Texas 79914, EE. UU. de A.

www.editorialmh.org

Editora: Alicia Zorzoli
Diseño de la cubierta: Gloria Williams-Méndez

Primera edición: 2001
Clasificación Decimal Dewey: 261.832
Tema: Violencia familiar

ISBN: 0-311-46280-4
EMH: Art. Núm. 46280
10 M 10 01

Impreso en Canadá
Printed in Canada

Contenido

Primera parte:
La terrible esclavitud de la violencia en la familia

Tercera parte:
Liberemos a nuestros hijos de la violencia familiar

Reconocimientos

Son muchas las personas que directa o indirectamente han contribuido para que este libro exista y merecen mi reconocimiento.

En primer lugar, mis alumnos de la carrera de psicología de la Universidad Javeriana de Cali, Colombia, quienes se involucraron a través de sus trabajos de grado en la línea de investigación sobre violencia intrafamiliar que estuvo bajo mi responsabilidad.

Los(as) practicantes de psicología de la misma universidad, a quienes tuve el privilegio de asesorar en sus proyectos de presentación de la violencia intrafamiliar en el Instituto Colombiano de Bienestar Familiar y en otras instituciones asistenciales de la ciudad de Cali, Colombia.

Mis pacientes, unos en calidad de víctimas, otros desde su papel de agresores, a quienes he tenido el privilegio de acompañar y facilitar sus procesos terapéuticos.

Mi amiga Alicia de Zorzoli, por animarme a escribir el libro y por sus palabras de estímulo durante la realización del trabajo.

La profesora Liliana Posso, por la lectura del manuscrito, sus correcciones y valiosísimas sugerencias.

William Camargo M., por su voluntad y empeño al digitar parte del material y revisión de las pruebas.

Fabiola Ariza, por la lectura y corrección del material.

Mi esposo Ramón Medina, por el apoyo que me brindó durante el desarrollo del trabajo.

Sobre todo, mi gran Padre Celestial por la oportunidad que me brinda de ministrar llevando esperanza y restauración a muchas personas que sufren la violencia al interior de sus hogares.

Amparo de Medina

Junio, 2001

Introducción

Es estimulante poder registrar cómo en estos últimos años la iglesia cristiana ha vuelto sus ojos a problemas fundamentales relacionados con la vida cotidiana del ser humano. La iglesia ha iniciado un camino que la lleva a incursionar en áreas de la vida normal que van más allá de los aspectos teológicos tradicionales, abriendo nuevos espacios de reflexión que le permitan participar activamente en la búsqueda de respuestas para los problemas de la sociedad actual. El interés por la violencia intrafamiliar es un ejemplo de la apertura naciente de la iglesia hacia estos temas cruciales de nuestra época.

Este libro ha estado en mi mente a través de varios años de observar en diferentes centros asistenciales, en mi consultorio y a través de la orientación de diversas investigaciones adelantadas por mis estudiantes en la universidad, multitud de casos en donde la violencia intrafamiliar está arraigada en la vida misma, aun de las familias cristianas. El tema no puede pasar inadvertido cuando se es testigo del profundo dolor de tantas personas cuyas vidas se echan a perder por la falta de orientación y el desconocimiento de los recursos que la misma Palabra de Dios ofrece para la prevención y restauración de las personas que están en riesgo o han sido víctimas de la violencia en el hogar.

Las estadísticas son alarmantes, los niveles de violencia intrafamiliar son altos y de ello se dará cuenta en varios capítulos. La mujer y los niños son los mayormente agredidos, por su tendencia a callar, haciéndose así partícipes indirectos del abuso. Esto no indica que el hombre es el único agresor. En la mayoría de los casos la violencia es un asunto de doble vía, donde la conducta agresiva del implicado afecta al otro y viceversa.

¿Cómo puedes poner un límite? ¿Cómo identificarte como parte del problema? ¿Cuáles son las consecuencias de la violencia y cómo puedes utilizar los recursos que Dios te da para tomar conciencia y buscar una salida? Estas son preguntas a las que se tratará de dar respuesta en este libro, utilizando para ello un lenguaje que no pretende ser técnico, sino más bien sencillo, dándote una alternativa que te lleve a hacer tuyo el plan de bendición que Dios tiene para ti.

La primera parte del libro contiene una caracterización de la violencia en la familia. Tomaremos como referencia el caso de Abraham y Sara.

La segunda parte atiende al problema de la violencia en la relación de pareja, caracterizándola, explicando aspectos relacionados con la violencia física, psicológica y sexual, y analizando sus posibles causas.

La tercera parte centra la reflexión en la violencia que sufren los niños, sus características, sus consecuencias y sus raíces causales.

Todos los casos que se mencionan son verídicos. Se han cambiado los nombres de los protagonistas y algunos otros elementos para mantener el anonimato.

El texto ofrece elementos para la autoevaluación que, sin pretender ser instrumentos psicométricos técnicamente elaborados, permiten identificar el posible riesgo o el compromiso directo con el problema. Asimismo se pretende dar algunas alternativas de manejo para cada caso; como también algunas sugerencias para la participación de la iglesia en campañas de prevención y, sobre todo, hacerte saber a ti, lector, que en Cristo siempre tendrás esperanza.

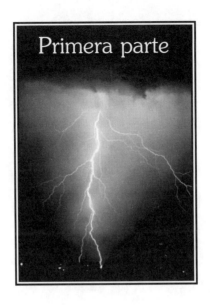

Primera parte

La terrible esclavitud de
la violencia en la familia

La violencia empieza por casa

¿Sabías que existe mayor probabilidad de que una mujer sea agredida en su casa por parte de su pareja que fuera de ella? ¿Que existe mayor riesgo de que un niño sea abusado sexualmente en su casa por parte de un familiar o conocido que por un extraño? ¿Que la probabilidad de que un anciano sea maltratado psicológicamente por un miembro de la familia es mayor a que esto le suceda fuera de su casa?

¿Verdad que es muy extraño que sea precisamente el ambiente familiar el escenario donde los seres humanos reciben más maltrato que en cualquier otro lugar? Esto es lo que nos dicen la mayoría de los estudios que se han realizado en los últimos 20 años en diferentes países de América Latina como Chile, Colombia, Uruguay, Argentina y otros.

En un estudio realizado en Colombia, se encontró que la violencia en el interior de la familia sigue creciendo en proporciones alarmantes. En 1995 se encuestaron 11.000 hogares y se observó que una de cada cuatro mujeres había sido golpeada por su esposo o compañero. En el año 2000 se repitió la encuesta pero los resultados fueron diferentes; de 100 mujeres, 41 de ellas habían sido víctimas de maltrato físico, o sea una de cada dos mujeres. De estas víctimas, 31 habían sido golpeadas con la mano, 12 habían sido pateadas o arrastradas; a 8 de ellas les amenazaron con armas de fuego o cortopunzantes, a 5 habían tratado de estrangularlas o quemarlas, y a 11 los esposos las habían violado sexualmente.

Esta misma encuesta demostró que, ante las agresiones recibidas, el 64% de las mujeres respondieron dando golpes al esposo. Catorce manifestaron que ellas agredían físicamente a sus esposos, sin que ellos lo hicieran (Ojeda, G., *Encuesta Nacional de Demografía y Salud*. Bogotá: Profamilia, 2000).

Una investigación realizada en Chile demostró que se viven situaciones de violencia en 60 de cada 100 hogares (Larrain, S., *Violencia puertas adentro*. Santiago de Chile: Editorial Universitaria, 1994).

En investigaciones realizadas en Uruguay, 36 de cada 100 mujeres encuestadas manifestaron ser objeto de violencia psicológica; 11 de ellas de violencia física o sexual (Traverso, M.T., *Violencia en la pareja. La cara oculta de la relación*. Washington: Banco Interamericano de Desarrollo, 2000).

Un estudio realizado en los países centroamericanos afectados por el huracán Mitch informó que la violencia física y sexual aumentó significativamente en las familias después del desastre ocasionado por este fenómeno ("La Boletina", *Publicación de Juntas de Encuentro*; Gue Comunicaciones).

Según un estudio realizado en los EE. UU. de A. 30 de cada 100 de las mujeres asesinadas mueren en manos del esposo, el ex esposo o el compañero. Entre tres y cuatro millones de mujeres son golpeadas cada año en sus hogares. Las heridas que requieren atención médica, ocasionadas por violencia en la familia, son más numerosas que la suma de las producidas por accidentes automovilísticos y robos con violencia (D. Hormaechea, *La violencia dentro del hogar cristiano*. "Apuntes Pastorales", volumen xvii, núm. 1).

Realmente es escandaloso, pero más lo es saber que esta violencia no se da entre desconocidos sino en el seno mismo de la familia. Y más aun cuando confirmamos que este problema es también frecuente en familias cristianas.

Los cristianos no tenemos ese problema

ialogaba con el líder de una iglesia que me había invitado a dar un taller al grupo de parejas de su congregación. Tratando de precisar el tema, le dije:

—¿Qué tal si trabajamos sobre el manejo del conflicto en la relación de pareja? Lo más probable es que además de conflictos, se esté presentando violencia familiar en algunos casos.

Inmediatamente el líder reaccionó con cierto asombro:

—¿Violencia familiar? Afortunadamente nosotros somos cristianos, no tenemos ese problema. Otro de los líderes agregó:

—Eso es de los no creyentes; en mi familia nos queremos mucho, nos respetamos y nunca tenemos dificultades; pero vaya donde mis vecinos, esa gente sí es violenta.

Se inició el trabajo. Después de varias sesiones donde todas las personas tuvieron la oportunidad de participar contestando cuestionarios, reaccionando a películas que se presentaron, y analizando el contenido de canciones populares, pasajes de la Biblia y algunos juegos, se encontró lo siguiente:

Aunque al iniciar las sesiones el 90% de los participantes no identificaron violencia en sus relaciones familiares, al terminar la intervención el 60% de las parejas admitieron que cotidianamente se presentan episodios de violencia verbal como gritos, insultos y amenazas.

En el 20% de los participantes se presentan con relativa frecuencia explosiones de ira con empujones y golpes, seguidos de culpa y arrepentimiento. El 30% de las mujeres manifestaron sentirse lastimadas por el abuso sexual del que eran objeto al sentirse obligadas a tener relaciones sexuales en contra de su voluntad.

Otras personas manifestaron que, aunque quieren mucho a sus hijos, cuando están muy enojadas los maltratan física y verbalmente.

¿Es este el plan de Dios para la familia? ¿No estaba la familia en la mente de Dios? ¿No es la familia parte del plan divino sobre la tierra? ¿O es que la familia se originó porque un hombre necesitaba una mujer que le cocinara los alimentos, le lavara la ropa y le cuidara sus hijos? ¿O porque una mujer buscaba a un hombre que proveyera económicamente para satisfacer sus necesidades cotidianas? ¿O porque un grupo de niños reclamaron ante las autoridades que les asignaran adultos que los cuidaran, acompañaran y proveyeran lo necesario para vivir?

¡No, ese no fue el origen de la familia!

Aunque algunos sociólogos y antropólogos han tratado de explicar el origen de la familia en relación con aspectos económicos, la Biblia nos muestra que la familia nació en la mente y el corazón de Dios. En Génesis 1:27, 28 leemos:

> Y Dios creó al ser humano a su imagen; lo creó a imagen de Dios. Hombre y mujer los creó, y los bendijo con estas palabras: "Sean fructíferos y multiplíquense; llenen la tierra y sométanla; dominen a los peces del mar y a las aves del cielo..."

Dios instituyó a la familia a través de la primera pareja humana, ambos creados a la imagen y semejanza de su Creador, a fin de que tuvieran la dignidad y capacidad necesarias para establecer relaciones basadas en el amor, la igualdad, el respeto y la tolerancia mutuas.

Paradójicamente, es en el núcleo familiar donde se vive la batalla campal de la violencia. El lugar donde se supone que el ser humano va a encontrar la seguridad, la comprensión y el apoyo necesarios para crecer sanamente, se ha convertido en el lugar donde se abusa del poder para maltratar a los más débiles, sobre todo a las mujeres, los niños y los ancianos. Pero ese no es el propósito de Dios para la familia.

En mi trabajo de asesoramiento familiar continuamente me encuentro con casos de violencia intrafamiliar entre personas cristianas, como los cuatro que describo a continuación.

1. A la salida del culto en una iglesia donde me habían invitado a predicar un mensaje en el que mencioné la violencia que se vive en el núcleo familiar, se me acercó uno de los ujieres y con lágrimas en los ojos me dijo: "Ayúdeme, por favor; me había hecho el propósito de no volver a golpear a mi esposa pero ayer me hizo dar rabia, la empujé y se fracturó un brazo; le juro que no quería hacerlo".

2. Fue muy preocupante para mí enfrentarme con el caso de Jazmín, una niña de 14 años que era llevada por sus padres todos los domingos a una iglesia evangélica. Su padre era muy exigente con ella y no le admitía errores. Cuando la niña se dio cuenta de que estaba perdiendo el año escolar, tomó un veneno que la dejó en estado de coma durante dos semanas antes de morir. Sus padres encontraron una nota que decía entre otras cosas:

"Gracias, papá, por quererme tanto; tengo mucho miedo de que sepa que no he correspondido a todos los esfuerzos suyos por alimentarme y pagar mis estudios. Yo sé que usted me castiga duro porque quiere lo mejor para mí; no se qué pasó, pero me fue mal otra vez en el estudio. Perdóneme por haber sido perezosa y desobediente, ya no le voy a dar más problemas, no tendrá que castigarme más, ni gastar dinero en mí. Por favor, no le pegue a mi mamá por lo que yo estoy haciendo, ella no tiene la culpa. Gracias por todo lo que me dio".

3. José creció en un hogar cristiano y, al igual que su papá, llegó a ser un líder muy destacado en su congregación. Después de terminar sus estudios universitarios y ubicarse laboralmente, se casó con una compañera de trabajo que, por invitación de él, asistía fielmente a su iglesia. Al poco tiempo de casados ella dejó de asistir y se molestaba por el tiempo que él dedicaba a la congregación. Comenzó a dejar de hablarle por varios días, a rechazarlo sexualmente y a amenazarlo con divorciarse si seguía asistiendo todos los domingos a la iglesia. Algunos domingos escondió las llaves de la casa para impedirle salir; cuando él trató de quitárselas, ella lo golpeó y arañó la cara. Ante las continuas amenazas de divorcio si seguía asistiendo a la iglesia, él ha optado por complacerla pero dice que se siente muy triste y que le está perdiendo el amor. Este es un caso típico de violencia de la mujer hacia el hombre.

4. Libia, una estudiante del seminario, me decía: "Mi esposo es muy cariñoso y colaborador, pero es muy impaciente. Cuando él se dedicó al pastorado, yo pensé que mejoraría su mal genio pero no ha sido así. Cuando las cosas le salen mal en la iglesia, se pone irritable, me grita, y si yo le respondo me tira con lo primero que encuentra, aunque después me pide perdón".

Estos datos confirman que podemos encontrar violencia aun en hogares cristianos, aunque en algunos casos las mismas personas que son los actores de ella no identifican su conducta como violenta; o sea que la violencia intrafamiliar no respeta religión, clase social, nivel educativo, raza o cultura y es utilizada aun por las personas que menos pensamos debido a sus posiciones de liderazgo en la iglesia.

Violencia en la casa de Abraham y Sara

El maltrato de Agar

D ios tiene un plan para la familia. Sin embargo, desde el principio el hombre mismo ha optado por una elección distinta y de ello nos habla la Biblia misma. En los capítulos 16,17 y 21 del libro de Génesis encontramos un caso típico de violencia al interior de la familia.

Se trata de una familia que inicialmente estaba compuesta por Abraham y su esposa Sara. Estaban en el plan perfecto de Dios. Dios tenía planeado darles un hijo, Isaac, el cual sería el heredero de la promesa dada a Abraham de hacer de su descendencia una gran nación. Lo más anhelado por una pareja de aquella época, y aun por la mayoría de las parejas de hoy, es tener hijos. Abraham y Sara no habían podido tenerlos, y decidieron anticipar el plan de Dios por su cuenta. De acuerdo con las costumbres de ese tiempo, y como no se conocían los métodos de procreación asistida que se conocen en la actualidad, ante su infertilidad, Sara decidió entregar su esclava Agar a Abraham a fin de que tuviera hijos con ella.

En Génesis 16:4-6 leemos:

> Abram tuvo relaciones con Agar, y ella concibió un hijo.
> Al darse cuenta Agar de que estaba embarazada, comenzó a

mirar con desprecio a su dueña. Entonces Saray le dijo a Abram:

—¡Tú tienes la culpa de mi afrenta! Yo te puse a mi esclava en tus brazos, y ahora que se ve embarazada me mira con desprecio.

—¡Que el Señor juzgue entre tú y yo!

—Tu esclava está en tus manos —contestó Abram—; haz con ella lo que bien te parezca.

Y de tal manera comenzó Saray a maltratar a Agar, que ésta huyó al desierto.

Cuando Agar huye de los maltratos que le propicia su ama, tiene un encuentro con el Dios viviente y decide regresar a la casa de Abraham y Sara. Allí nace su hijo Ismael.

Más adelante, el anhelo profundo que Sara tenía de ser madre se cumplió. Dios también le concedió a ella el gozo de tener un hijo en sus entrañas el cual llenó de alegría la vida de la pareja. El niño se llamó Isaac.

En Génesis 21:8-11, 14 leemos:

El niño Isaac creció y fue destetado. Ese mismo día, Abraham hizo un gran banquete. Pero Sara se dio cuenta de que el hijo que Agar la egipcia le había dado a Abraham se burlaba de su hijo Isaac. Por eso le dijo a Abraham:

—¡Echa de aquí a esa esclava y a su hijo! El hijo de esa esclava jamás tendrá parte en la herencia con mi hijo Isaac. Este asunto angustió mucho a Abraham porque se trataba de su propio hijo...

Al día siguiente, Abraham se levantó de madrugada, tomó un pan y un odre de agua, y se los dio a Agar, poniéndoselos sobre su hombro. Luego le entregó a su hijo y la despidió.

¿Qué entendemos por violencia en la familia?

¿Por qué decimos que el caso de la familia de Abraham es un caso típico de violencia intrafamiliar? La historia no registra golpes ni maltrato físico propiamente dicho; entonces ¿por qué se registra como un caso de violencia intrafamiliar? ¿Quiénes son los actores de la violencia? ¿Cuáles son los elementos de violencia familiar que podemos descubrir en esta historia bíblica?

Entendemos la violencia familiar como un tipo de relación destructiva entre los miembros de una familia, ya sea que compartan o no la misma vivienda. Se caracteriza por el abuso del poder a través de acciones u omisiones reiteradas, que producen daño físico o psicológico, en primera instancia a la víctima pero también al agresor.

En la historia de Abraham, se evidencian los intercambios violentos generados por los celos entre Sara y Agar, y el uso del poder para resolver los conflictos que se generaron en el interior de la familia. Sara usa el poder que tiene para maltratar a Agar. Por su parte, Abraham también hace uso del poder para despedirla de su casa con el hijo de ambos.

Aunque en todas las familias se presenta de vez en cuando

algún mensaje o conducta violenta, esto no es un indicador de que todas sean violentas. Hay familias violentas, otras no violentas, y otras medianamente violentas. El que se presenten conflictos entre los miembros de una familia no es un indicador de violencia; el conflicto es parte natural de la interacción humana.

El problema está en que algunas personas usan la violencia como método de resolución de conflictos. Cuando este tipo de interacción se presenta con frecuencia, los hechos violentos se multiplican y tienden a repetirse de generación en generación, produciendo a su vez personas enfermas que también actúan violentamente.

Es interesante observar que Ismael, el hijo de Agar, estaba tan acostumbrado a presenciar situaciones violentas que se burla de su medio hermano Isaac, generando así mayor tensión en las relaciones familiares y perpetuando la violencia existente.

En este tipo de familias la violencia se convierte en parte de su estilo de vida, haciendo daño no solo a las víctimas sino también a los actores de ella, porque el ser humano se destruye a sí mismo cuando trata de destruir a otros.

Tipos de violencia

*A*unque en el caso de Agar, Sara y Abraham no se evidencia maltrato físico, sí encontramos otros tipos de violencia como son la psicológica, la sexual, la emocional y la ocasionada por negligencia.

Para facilitar el estudio de la violencia en la familia, ésta se ha clasificado bajo las categorías de *física, psicológica, sexual y por negligencia*. Sin embargo, en la realidad estas formas de violencia se entrecruzan ya que cuando una persona es maltratada a nivel físico, sexual o por omisión, se la está violentando psicológicamente también.

VIOLENCIA FÍSICA

Se denomina violencia física a *cualquier ataque dirigido hacia una persona, cuando éste le produce dolor y malestar como heridas, hematomas, mutilaciones y, en algunas ocasiones, hasta la muerte.*

El daño puede ser *grave*, como en los casos en que se hace necesaria una hospitalización; y *único*, como ocurre en los casos de homicidio; pero en la mayoría de los casos de violencia física ésta no anula inmediatamente a la persona, sino que le va deteriorando o afectando progresivamente su salud.

Cualquier ataque contra la integridad física se considera violencia, independientemente de que el atacante haya hecho uso o no de su cuerpo para golpear, o de cualquier tipo de armas u objetos con el mismo propósito.

VIOLENCIA PSICOLÓGICA

Agar fue objeto de la violencia psicológica que le propiciaba Sara. El relato describe claramente en Génesis 16:6 que "...de tal manera comenzó Saray a *maltratar* a Agar, que ésta huyó al desierto" (itálicas de la autora). Del texto se puede deducir que la situación llegó a ser tan tensa que Agar no pudo resistirla por más tiempo.

El maltrato psicológico es la forma más generalizada de violencia. Se define como *las acciones u omisiones dirigidas a un miembro de la familia que afectan su salud mental y emocional, y producen daño en su autoestima y en sus capacidades como ser humano.*

Este tipo de violencia se ejerce a través de expresiones verbales como palabras groseras, frases hirientes, gritos y amenazas, y/o expresiones no verbales como gestos, miradas despectivas y silencios que afectan al que los recibe a tal punto de perder su autoestima y la seguridad en sí mismo. Esto genera sentimientos negativos como tristeza, frustración, subvaloración, humillación, soledad, susto, rechazo, ansiedad, inutilidad y otros.

Otro tipo de violencia psicológica es la que se ocasiona al privar a la víctima de su libertad, encerrándola en la casa, el cuarto, el armario, o a través del secuestro; como también al negarle la oportunidad de trabajar o estudiar, cuando la persona lo desea y está en condiciones de hacerlo.

VIOLENCIA SEXUAL

Agar también fue objeto de violencia sexual porque fue usada sexualmente, no por amor ni tampoco por su libre elección, sino para satisfacer los intereses de su ama quien usó su poder y posición de autoridad para beneficio propio. Agar se vio obligada no solo a prestar su vientre para la concepción, como lo hacen muchas mujeres hoy en día —plenamente conscientes de lo que hacen y por decisión propia en programas de procreación asistida—, sino a entregar todo su cuerpo.

El hecho de que en la sociedad patriarcal de esa época se acostumbrara que la esposa infértil entregara a su esclava al esposo para que tuviera hijos con ella, no justifica este tipo de comportamiento; más bien es una evidencia de la subvaloración de la que ha sido objeto la mujer a través de la historia.

La violencia sexual se presenta a través de comportamientos que combinan la violencia física y psicológica principalmente para lograr contacto sexual. Dicho contacto puede ser genital, oral, corporal, logrado sin la aceptación de la persona y a través del chantaje, las amenazas, la fuerza o la coacción.

En otras palabras, es obligar a la persona, sea niña o adulta, a cualquier tipo de caricias o contacto sexual, haya o no penetración. Incluye el incesto, la violación entre cónyuges, hijos, hermanos y parientes.

La violencia sexual es ejercida principalmente del hombre hacia la mujer y de los adultos hacia los niños. Por lo general es ejercida por la persona que ejerce el poder, porque tiene mayor edad, por género, posición de autoridad o situación económica.

NEGLIGENCIA FÍSICA O PSICOLÓGICA

Agar e Ismael su hijo, también fueron objeto de este tipo de violencia. En Génesis 21:10 dice:

> ¡Echa de aquí a esa esclava y a su hijo! El hijo de esa esclava jamás tendrá parte en la herencia con mi hijo Isaac.

La violencia por negligencia física o psicológica se define como la sucesión de actos de indiferencia de parte del miembro de la familia que tiene los recursos y es el responsable de satisfacer las necesidades físicas y emocionales de los miembros de su familia, afectando así su desarrollo normal.

Por lo general los recursos están a disposición de las personas mayores en la familia y no de los menores; de las personas sanas y no de las enfermas.

Los casos cuando los padres que tienen los recursos no

cumplen con su deber de alimentar adecuadamente a sus hijos menores de edad, son un ejemplo de este tipo de violencia; como también los casos de los hijos adultos que, teniendo los medios, no proveen para satisfacer las necesidades básicas de sus padres ancianos y/o minusválidos que necesitan ayuda.

La violencia: un problema de doble vía

*L*a violencia es un fenómeno de doble vía. El relato bíblico describe no solo a Abraham y Sara maltratando a Agar, sino también a Agar mirando con desprecio a su dueña (16:4, 5); más adelante vemos también a Ismael burlándose de Isaac (21:9). Es evidente que tanto Agar como su hijo Ismael, desde su posición de víctimas, reaccionaron comportándose de tal manera que atrajeron para sí el maltrato.

La Comisión de Estudios sobre la Violencia afirma que ésta es un proceso de doble vía donde, en la lucha por el poder, el débil maltrata al poderoso y el poderoso al débil, porque hay violencia tanto en los que imponen la dominación como en quienes la desafían. En estos casos la violencia representa la intolerancia y la búsqueda de reconocimiento (Comisión de Estudios sobre la Violencia, *Colombia: violencia y democracia.* Bogotá: Centro Editorial Universidad Nacional de Colombia, 1987).

Algunos autores plantean que en el caso de la violencia familiar no existen víctimas ni victimarios. Sobre todo en el caso de los adultos, las dos personas son responsables de las interacciones violentas, aunque alguno de los dos tenga mayor responsabilidad al generar el acto violento. O sea que la mujer maltratada, aunque es víctima del maltrato, también es responsable del mismo porque lo permite. Algunas personas creen que porque son cristianas están obligadas a soportar el maltrato y no hacen nada por protegerse y evitarlo.

De todas maneras hay que tener en cuenta que las personas maltratantes por lo general intentan evadir su responsabilidad echando la culpa a sus víctimas. Generalmente dicen: "ella es la culpable porque me provocó", "ella me hizo dar rabia y la golpeé". Esta es una manera de no asumir responsabilidad por su comportamiento delictivo.

Para que el acto violento se manifieste es necesario que se presente la interacción de las dos partes, como lo observamos en el caso bíblico que se viene analizando.

LOS CELOS

Según Sánchez: "Los celos expresan el deseo de conservar lo que se tiene y el temor a perderlo" (Sánchez, L. M., *Factores psicoanalíticos y culturales de los celos*).

Aunque el relato bíblico no registra los comportamientos no verbales de Abraham, como miradas y gestos, la expresión que Sara le dirige: "tú tienes la culpa de mi afrenta" (Génesis 16:5) es un indicador de que, aun cuando ella misma había planeado el embarazo de Agar, ahora sentía celos. Su autoestima estaba muy baja por esta circunstancia. Su orgullo de mujer herida y el temor de perder el amor y reconocimiento de su marido, la llevaron a sentirse despreciada, ofendida, triste y con rabia.

Sara hace uso del poder que tiene para maltratar psicológicamente a la que se ha constituido en su rival hasta hacerle la vida imposible, al punto de llevar a Agar a arriesgar su vida huyendo al desierto donde tenía pocas posibilidades de sobrevivir en las circunstancias en que se encontraba.

La mayoría de las investigaciones dicen que "los celos se presentan cuando aparece una tercera persona en la relación, ya sea real o imaginaria, y son capaces de mover a la persona a cometer actos violentos" (López Garza, M. P., *Celos y autoconcepto: un estudio empírico*. "Psicología Iberoamericana", 1995, vol. 3, núm. 4).

La envidia y los celos son sentimientos altamente generadores de violencia entre los miembros de la familia. Por envidia mató Caín a su hermano Abel (Génesis 4:1-8), y este sigue siendo un sentimiento generador de actos violentos entre la pareja, los hijos, hermanos y otros miembros de la familia.

Aunque la envidia está muy relacionada con los celos, se diferencia de éstos en que a través de la envidia se pretende conseguir algo que no se tiene, mientras que los celos expresan el deseo de conservar lo que se tiene. Al parecer Agar sufría de envidia y Sara de celos, o en ambas se anidaban los mismos sentimientos negativos.

LA COMPETENCIA

A pesar de que las condiciones culturales de la época concedían a Sara, como esposa de Abraham, autoridad y poder legal sobre Agar que era su esclava, del texto bíblico se puede deducir que se generó una competencia progresiva entre estas dos mujeres, la cual se incrementó con la llegada del hijo de cada una.

Según Weber: "El incremento progresivo de la competencia puede conducir a la rivalidad en el uso de los medios violentos" (Weber, *Economía y sociedad*. México: Fondo de Cultura Económica, 1969).

Maldonado plantea que la competencia entre dos o más personas se produce cuando ambas partes buscan el mismo fin; en el caso de que una de las partes lo logra, la parte que no lo alcanza puede activar el conflicto y la violencia (Maldonado, M. C., *Conflicto, poder y violencia en la familia*. Cali: Facultad de Humanidades, Universidad del Valle, 1995).

¿Se presenta competencia entre los miembros de la familia? Es muy común. Los hijos compiten por el amor y reconocimiento de los padres, y éstos a su vez compiten por el amor de los hijos.

¿Qué pasa cuando las tensiones y enemistades generadas por causa de la competencia van aumentando? Indudablemente ponen en riesgo la tranquilidad y convivencia familiar. La repetición y permanencia de interacciones competitivas conducen a conflictos que por lo general se tratan de resolver con comportamientos violentos.

LA LUCHA POR EL PODER

El contexto donde se desarrolla la historia de Abraham —el padre de la fe— es una cultura patriarcal con estructuras de poder bien determinadas. Los hombres son superiores a las mujeres, los amos son superiores a los esclavos, los ricos son superiores a los pobres, y los mayores son superiores a los niños.

Entre Agar y Sara, ¿quién tenía superioridad desde el punto de vista cultural? Es claro que Agar estaba subordinada a Sara, quien era su ama. Sara tenía la posición de superioridad y hacía uso del poder para satisfacer sus necesidades de reconocimiento y seguridad que sentía que estaba perdiendo. Se acentúa así una relación donde existen roles muy desiguales; una ejerce el dominio total, la otra la subordinación.

Es de notar también cómo Abraham, con toda la influencia que tenía, no protegió a Agar y a su hijo Ismael. Todo lo contrario, hizo uso de su poder para despedirlos de su casa, exponiéndolos a morir de hambre y sed en el desierto.

¿Se presentaba el ejercicio del poder solamente en la cultura hebrea del tiempo de Abraham? No, el poder se da en todas las culturas y en todas las familias. El poder en sí no es malo, lo nocivo es el abuso del poder porque éste genera violencia, sobre todo cuando se hace uso del poder para resolver los conflictos que se presentan en el núcleo familiar.

En síntesis, aunque el pecado es una realidad como la fuente de violencia y de todos los males, de ninguna manera podemos justificar nuestros comportamientos violentos porque somos pecadores. Dios hizo al ser humano con conciencia, o sea, con la capacidad de identificar los aspectos que contribuyen a su desarrollo personal y los que lo estancan. Por esta razón no tenemos excusa para maltratar a nadie y tampoco para dejarnos maltratar.

La violencia: un problema intergeneracional

l relato bíblico muestra también cómo Ismael, siendo apenas un niño, ya había captado la tensión que se vivía en el ambiente familiar, de tal manera que se comporta agresivamente burlándose de Isaac, generando así más violencia (Génesis 21:9). Cuando llega a ser un adulto se convierte en un guerrero y llega a ser el padre de una nación que a través de la historia ha estado en guerra contra el pueblo de Israel. De ahí el conflicto árabe-israelí que nos acompaña hasta hoy.

La mayoría de las investigaciones han demostrado que la violencia en la familia es un fenómeno que se repite de generación en generación; que los agresores tienen antecedentes de una infancia expuesta a la violencia intrafamiliar, ejercida bien sea sobre ellos mismos o entre sus progenitores.

Este mismo antecedente se ha encontrado en psicópatas, infractores juveniles, homicidas, suicidas y muchos otros enfermos mentales. Pero este hecho no justifica las acciones violentas, porque las investigaciones también han demostrado que no existen genes violentos, o sea que la violencia no se transmite genéticamente sino que se aprende. La violencia es el resultado de un contexto social que no solo la tolera sino que también la justifica.

¡El conflicto es normal, la violencia no!

os conflictos que se presentaron entre los miembros de la familia bíblica que venimos analizando son absolutamente normales. Disgustos entre Sara y Agar, confrontaciones y reclamos entre Abraham y Sara, peleas entre Ismael e Isaac, son parte del convivir humano. Sin embargo, ante la carencia de Sara de elementos para manejar el conflicto, hace uso de la violencia para tratar de resolverlo: "Echa de aquí a esa esclava... El hijo de esa esclava jamás tendrá parte en la herencia con mi hijo" (Génesis 21:10).

El anhelo de toda persona, especialmente de los cristianos, es que los miembros de su familia vivan en paz y armonía. Sin embargo, a pesar de nuestros anhelos y buenas intenciones, en todas las familias se presentan conflictos. Esto es algo totalmente natural, ya que cada miembro de la familia puede tener necesidades y puntos de vista diferentes ante determinadas situaciones.

Pero es necesario tener en cuenta que conflicto y violencia no son sinónimos. El conflicto es parte de la vida, la violencia no lo es. Cloé Madanés dice que la violencia es un recurso destructivo que utilizan algunas personas cuando no conocen medios más adecuados para resolver los conflictos, como son el diálogo, el acuerdo, la negociación, el dominio propio y el auto-control (Madanés, C., *Sexo, amor y violencia, estrategias de transformación*. Barcelona: Paidós, 1993).

A través de nuestras conductas violentas, consciente o inconscientemente queremos llamar la atención, ser reconoci-dos, atendidos. Infortunadamente para muchas familias, la vio-lencia es el medio para resolver sus conflictos cotidianos.

La violencia no es un hecho innato o natural de las rela-ciones familiares, más bien es el resultado de unas condiciones culturales que aceptan y refuerzan la posibilidad que tiene el ser humano de destruirse y destruir a los demás. Pero también desde nuestros valores cristianos podemos fomentar la poten-cialidad que tenemos los hombres y las mujeres por ser creados a la imagen y semejanza de Dios para crecer y vivir en armonía.

Un aspecto contradictorio es que muchas personas se apo-yan en interpretaciones distorsionadas de algunos textos de la Biblia para justificar sus comportamientos violentos, especial-mente los dirigidos contra la mujer y la niñez.

¿Por qué callan los maltratados?

*L*a violencia que ocurre en el hogar es el crimen encubierto más común que existe, con consecuencias negativas para el individuo, la familia y la sociedad. Sin embargo, los que la sufren por lo general no identifican el maltrato del que son objetos como una situación de violencia, no la ven como un crimen y mucho menos llegan a denunciarla.

Se dice que un hombre estaba golpeando a su mujer. Al ver el atropello, una persona que caminaba cerca de ellos salió en defensa de la mujer, llamándole la atención al hombre por su trato abusivo. Inmediatamente la mujer respondió: "Déjelo que me pegue, para eso es mi marido".

La violencia intrafamiliar se mantiene oculta en la mayoría de los casos, no porque sea difícil de percibirla, sino porque estamos tan acostumbrados a maltratar o a ser maltratados, que nos parece normal cuando esto se presenta entre los miembros de la familia.

Aceptamos el maltrato en la familia como algo tan natural que es fácil escuchar expresiones como "no me grite, o no me pegue que usted no es mi mamá". Justificamos el maltrato al aceptar que en el interior de la familia, el padre, la madre, el marido, los hijos, o los hermanos, sí nos pueden golpear o maltratar. Desde ese punto de vista, también en la familia se niegan los derechos humanos.

Hemos aprendido a valorar la violencia y la vemos como un método válido para educar, y hasta nos valemos de textos de la Biblia para justificar los comportamientos violentos.

Consciente o inconscientemente usamos la violencia para expresar nuestros sentimientos de incomodidad y resolver nuestros conflictos. No nos damos cuenta de la violencia que ejercemos o recibimos en el interior de nuestros hogares, porque ésta ha llegado a ser parte de nuestro estilo de vida, de nuestra manera de comportarnos.

Esta dolorosa situación que afecta a millones de seres humanos en el mundo entero, se ha mantenido silenciada y oculta. ¿Por qué no se identifica, por qué se oculta? Probablemente por las siguientes razones:

Primera, *porque se piensa que la violencia familiar es un asunto de las otras personas, que no tiene nada que ver con nosotros.*

Ya es tiempo de reconocer que la violencia no existe solamente en el ámbito político o social, también en la familia se vive y trae consecuencias negativas tanto a las víctimas de ella como a los actores de la misma. Quitémonos la venda de los ojos que no nos permite ver la triste realidad y que nos lleva hasta a encontrar argumentos para explicarla y justificarla. Es necesario que nos demos cuenta de que la violencia no se refiere solo a los golpes físicos. En muchas ocasiones los golpes psicológicos son los más nocivos. Hagamos uso del derecho que tenemos como seres humanos creados a la imagen y semejanza de Dios —hombre, mujer, anciano o niño— a ser respetados por los demás, empezando en el núcleo familiar.

Segunda, *se considera que lo que sucede en el hogar es un asunto privado que debe ser guardado en secreto.*

La privacidad de la familia puede ser valorada positivamente hasta donde no afecte la integridad física o psicológica de ninguno de sus miembros. Cuando callamos los comportamientos violentos, éstos se irán incrementando a menos que decidamos pararlos. Para lograr esto es necesario denunciarlos.

Tercera, *se piensa que los malos tratos, especialmente los emitidos del marido hacia la mujer, o de los padres hacia los hijos, son naturales.*

Esta idea irracional ha estimulado a las personas a hacer uso del poder para maltratar a los otros miembros de la familia. Muchos hombres piensan que la mujer es un artículo de su propiedad al que pueden maltratar a su antojo, y muchas mujeres que comparten esa misma idea permiten ser maltratadas. No, ninguna persona tiene el derecho de maltratar a otra porque es de su familia, y todos debemos estar conscientes de que tenemos el derecho de ser tratados dignamente. Muchos padres creen que son los propietarios de sus hijos y por lo tanto están autorizados para maltratarlos según su voluntad; esta idea es totalmente opuesta al derecho que todo niño y niña tiene de ser respetado y valorado.

Cuarta, *se piensa que es la manera adecuada de corregir los comportamientos que no nos agradan de los otros miembros de la familia.*

Es normal que se presenten situaciones desagradables entre los esposos, padres, hijos, hermanos; sin embargo, hay otros medios mucho más funcionales como el diálogo, la conciliación y la negociación para manejar las diferencias y desacuerdos que se presentan entre los miembros de la familia.

Quinta, *se acepta la violencia como una forma más de interacción familiar.*

Esta idea irracional es fruto de las relaciones de poder que se han transmitido de generación en generación, al punto de que estamos formalizando como aceptable lo que realmente es inaceptable, contribuyendo así a su repetición.

Sexta, *se calla por temor a las consecuencias que traería el divulgar este tipo de comportamientos.*

Es cierto que en muchas ocasiones denunciar el comportamiento violento genera otros conflictos en la familia, pero callarlo también trae consecuencias negativas. Tenemos que decidir si aceptamos ser víctimas de la violencia toda la vida o nos decidimos a denunciarla, afrontar la situación y terminar con ella de una vez.

Séptima, *el excesivo dolor es otra de las causas de este silencio aterrador.*

El dolor generado por las acciones violentas de parte de seres queridos lleva a algunas personas a negar inconscientemente la situación de la que son objeto, o sea, a cerrar los ojos y pensar que no está sucediendo nada, permitiendo así que se perpetúen las acciones violentas.

Caer en la negación es peligroso. Aunque niegues el dolor ahora, llegará el momento cuando no podrás soportarlo más y te habrás hecho mucho daño a ti y a tu familia.

¿CALLAR O DENUNCIAR?

Tú eres la única persona que tiene que tomar la decisión entre estas dos alternativas o encontrar otra que resulte más saludable, pero recuerda que la violencia que no se denuncia tiende a perpetuarse. El crimen no solo consiste en agredir al otro, sino también en ocultar la agresión o al agresor. Después de leer este libro estarás más consciente de las implicaciones de tu decisión; si decides continuar en silencio te estás haciendo cómplice de los malos tratos. Además, ten presente que la relación familiar no es estática, sino que tiende a mejorar o a desmejorar. Una de las maneras de mejorarla es promoviendo el respeto mutuo, y para lograr esto es necesario terminar con las interacciones violentas. Recuerda que haber callado en otras ocasiones no ha evitado que se vuelvan a presentar las interacciones violentas.

Enfrentar con sabiduría y denunciar es la otra alternativa si quieres cambiar tu destino, sobre todo en los casos cuando has tratado por otros medios y no has tenido éxito.

Es tiempo de renovar nuestra manera de pensar a fin de formar personas con dignidad y construir una sociedad más sana.

No se amolden al mundo actual, sino sean transformados mediante la renovación de su mente. Así podrán comprobar cuál es la voluntad de Dios, buena, agradable y perfecta.
Romanos 12:2

Pautas para tu libertad

AUTOEVALUACIÓN

Responde con Sí o No.

Sí   No

☐ ☐ 1. Al leer este capítulo, ¿he identificado relaciones violentas entre los miembros de mi familia?

☐ ☐ 2. ¿He identificado el tipo de violencia que se presenta con más frecuencia entre los miembros de mi familia?

☐ ☐ 3. En la violencia que se vive en mi familia, ¿he identificado si soy la víctima o el victimario?

☐ ☐ 4. Si soy la persona que abusa del poder en la familia para maltratar a los otros, ¿estoy dispuesto(a) a permitir que el Señor trabaje en mí para cambiar mi actitud y mi conducta?

☐ ☐ 5. Si soy víctima de violencia en mi familia, ¿estoy dispuesto(a) a buscar la ayuda de Dios para cambiar esa situación?

☐ ☐ 6. ¿Tengo la disposición para aceptar los desafíos que Dios me hace a no temer y a levantarme?

Si tus respuestas han sido afirmativas entonces debes terminar la lectura de este libro para que comprendas mejor tu problema y sepas cómo Dios te puede ayudar a salir de él. En el caso contrario, continua leyéndolo; así adquirirás elementos para ayudar a otras personas en esta situación.

Encuentra una salida

Para prevenir el maltrato necesitas tomar conciencia de que hombres y mujeres tienen los mismos derechos en lo político, social y cultural. Entre esos están el derecho a:

- ✔ la vida
- ✔ la igualdad
- ✔ la libertad y seguridad de la persona
- ✔ igual protección ante la ley
- ✔ verse libre de toda forma de discriminación
- ✔ el mayor grado de salud física y mental que pueda alcanzar
- ✔ condiciones de trabajo justas y favorables
- ✔ no ser sometidos a tortura, ni a otros tratos crueles, inhumanos o degradantes.

¡Dios quiere ayudarte!

Hemos estudiado un caso bíblico donde Agar es la principal víctima de la violencia en la familia; sin embargo, el relato registra cómo Dios es sensible al dolor y al sufrimiento que estaba padeciendo esta mujer y acude a auxiliarla.

Es precisamente en el momento en que huía del maltrato que le propiciaba Sara cuando "la encontró el ángel del SEÑOR" y le profetizó bendición.

Estás embarazada, y darás a luz un hijo, y le pondrás por nombre Ismael, porque el Señor ha escuchado tu aflicción (Génesis 16:11).

El nombre Ismael significa "Dios oye". Es interesante notar que es Dios quien toma la iniciativa de ayudar a Agar. A Dios le interesó esta mujer sencilla, aparentemente insignificante. Se dirige a ella con preguntas que la invitan a hacer una pausa en su vida y a reflexionar sobre sí misma.

Con la pregunta: "¿De dónde vienes?" la está confrontando

con su pasado, la está invitando a mirar hacia adentro, a hacer una mirada retrospectiva, a revisarse, a evaluarse, a identificar cuál es su situación y cuáles son el tipo de relaciones en las que está inmersa; qué heridas tiene, y cuáles áreas de su vida necesitan ser sanadas para estar en condiciones de enfrentar la vida con el hijo que lleva en su vientre. Es un momento oportuno para que crezca como mujer.

La pregunta: "¿Para dónde vas?" es una invitación a proyectarse hacia el futuro. Desde nuestro punto de vista, lo lógico sería que Dios hubiera ayudado a Agar en su huida, pero no fue así. Agar no estaba en condiciones físicas, emocionales ni espirituales para hacerle frente a la vida.

El Ángel de Dios le recomendó que regresara a la casa de Abraham y Sara. Pero la Agar que regresa no es la misma mujer que salió. Ahora ha tenido un encuentro con Dios quien la ha fortalecido interiormente, la bendice y le da la promesa de una gran descendencia. Le ayuda en la crianza de su hijo y en la preparación para la liberación posterior de la situación de violencia. Después de ser "tocada por el Señor" puede testificar: "Ahora he visto al Dios que me ve" (Génesis 16:13). Antes había *oído hablar de* Dios, ahora había *hablado con* Dios. Ha tenido una profunda experiencia que le aportará una visión renovada.

El capítulo 21 de Génesis registra el cuidado y la ayuda de Dios para una mujer y su hijo que huyen por el desierto víctimas de la violencia familiar. Ante la crisis que vive al ser desplazada del núcleo familiar, llora desconsoladamente porque cree que su hijo va a morir de sed. Es precisamente en el momento de angustia y desesperanza que el Señor acude a su lado para ayudarla a darse cuenta de que los recursos para satisfacer las necesidades que tienen están a su alcance, lo que pasa es que ella no los ha visto. Es en este momento que Dios abre los ojos a Agar y ella ve un pozo de agua que supliría la necesidad de su hijo.

Además la apoya con dos alentadores mensajes:

"No temas, pues Dios ha escuchado los sollozos del niño" (v. 17).

El temor es uno de los sentimientos que paraliza a las víctimas de violencia en la familia y les impide tomar decisiones e identificar los recursos que tienen a su alcance para salir adelante, pero Dios, que es justo, escucha nuestros gemidos y nos ofrece su ayuda.

"...levántate y tómalo de la mano..." (v. 18).

¡Dios quiere que actuemos!, que asumamos responsabilidad por nuestra vida y por nuestros actos. Él espera que no nos quedemos estáticos soportando la violencia de la que somos objeto sin hacer nada para cambiar la situación. Necesitamos buscar soluciones.

Dios es nuestro amparo y fortaleza, nuestro pronto auxilio en las tribulaciones. Salmo 46:1

Segunda parte

Liberación de la violencia en la relación de pareja

Violencia

puertas adentro

El caso de Anec y Roy

*A*nec fue llevada de emergencia al hospital con golpes en el cráneo y fracturas en la clavícula y el brazo derecho. Estaba muy deprimida, dormía todo el día, no quería hablar con nadie, y difícilmente recibía los alimentos. Roy, su esposo, con el consentimiento de Anec, explicó que ella había rodado por las escaleras.

Laura, una de las enfermeras, se interesó especialmente en Anec, le compartió de Cristo y oraba todos los días con ella. Al salir del hospital, Anec comenzó a asistir con sus tres hijas de 10, 8 y 7 años a una iglesia evangélica, donde fue bautizada un año después.

Han pasado 5 años, ahora Anec es la directora del Departamento Infantil de su congregación. El día de su bautismo contó su testimonio:

Yo tenía 7 años cuando murió mi madre en un accidente automovilístico. Los cinco hijos fuimos repartidos entre los tíos y otros miembros de la familia porque mi padre era alcohólico y no estaba en condiciones de cuidarnos. El esposo de mi tía quería abusar de mí, y me hacía la vida imposible porque no accedía a sus pretensiones.

A los 18 años, forzada por la situación, me fui a vivir con Roy de quien estaba muy enamorada. Mi tía me decía que tuviera cuidado con Roy porque tenía muy mal genio y en algunas oportunidades era brusco conmigo.

A los cinco días de vivir juntos me gritó duramente porque le cobraron más de lo que esperaba en el hotel donde habíamos pasado la luna de miel. Los gritos de Roy aumentaban cada vez que las cosas no salían como él esperaba. Los maltratos fueron progresando a tal punto que, además de los gritos y palizas verbales, comenzó a empujarme y a golpearme a pesar de estar embarazada de mi hija mayor, que ahora tiene 14 años.

Roy tenía un negocio ilícito y ganaba suficiente dinero. Salía con amigos y amigas a tomar licor. Los golpes eran cada vez más frecuentes. Después de golpearme me enviaba un ramo de flores o compraba un regalo y prometía que nunca más sucedería.

Me prohibía tener amigas, no me permitía recibir a mis familiares en casa, y mucho menos visitarles. Cuando éramos novios me prometió que me apoyaría para que siguiera estudiando, pero cuando le recordaba la promesa se ponía furioso y me golpeaba.

El nacimiento de la segunda y tercera hijas no fue grato para él, porque siempre quiso un hijo varón y me acusaba de no ser capaz de dárselo. Al año de nacida nuestra tercer hija, me di cuenta de que él tenía una niña con otra mujer. Cuando le hice el reclamo me contestó que él era hombre y estaba en su derecho, además dijo que a mí no me faltaba la comida.

En los días en que me golpeaba estaba tan triste y adolorida por la forma como me trataba que me deprimía y me negaba a tener relaciones sexuales. Él me golpeaba y me obligaba a aceptarlo en contra de mi voluntad.

Yo no le contaba a nadie lo que me sucedía, no tenía amigas y me mantenía alejada de mis familiares. Además me daba miedo de las represalias si se enteraba que había contado lo que me sucedía.

Ya en dos ocasiones me habían llevado al hospital por los golpes que recibía de él. Fue en la tercera ocasión que conocí a Laura; ella me habló de Cristo y comencé a asistir a la iglesia con mis hijas.

Cuando Laura se enteró de mi situación me puso en contacto con otras mujeres de la iglesia, quienes me ayudaron mucho, me escucharon, y me dijeron que Dios podía sacarme de esta terrible situación.

Cuando Roy se enteró de que estaba asistiendo a la iglesia se enojó tanto que me dio otra paliza. Me dejó con la cara hinchada y con varios hematomas. Me aconsejaron que lo denunciara ante las autoridades, lo hice y lo detuvieron solo por unas horas; salió con una fianza bajo la promesa de no volver a agredirme.

En la iglesia me apoyaron para que estudiara diseño de modas, y muy pronto conseguí trabajo en un taller de modistería.

Para este tiempo la mujer con quien Roy convivía paralelamente, tuvo un hijo varón. Él ya venía muy poco a la casa. Aproveché la circunstancia para cambiarme a vivir a otro lugar.

Doy gracias a Dios por las hermanas de la iglesia que me apoyaron y me facilitaron mi restauración física, emocional y espiritual. Ahora siento que Dios está conmigo y que me he liberado de ese terrible flagelo de la violencia. Poco a poco he ido recobrando la confianza en mí misma.

Mis hijas se ven más felices y confiadas, se ven con el papá cada 15 días y estamos orando para que él también llegue a conocer a Cristo.

¿QUÉ SE ENTIENDE POR VIOLENCIA EN LA RELACIÓN DE PAREJA?

Son aquellas acciones u omisiones mediante las cuales uno o los dos miembros de la pareja conformada ya sea por vínculo matrimonial o por otro tipo de unión, agrede al otro causándole daño físico, psíquico o moral.

De acuerdo con los tipos de violencia que vimos en la primera parte, no nos referiremos únicamente al maltrato físico, sino también a otras formas de agresión menos evidentes, pero no por eso menos nocivas, como son el abuso sexual, la tortura psicológica y moral, la denigración, el encierro y otros.

Así que el cónyuge violento se aprovecha de la impotencia y debilidad de su pareja para hacerle sentir su superioridad y omnipotencia, negándole la posibilidad de ejercer sus derechos.

Aunque estamos conscientes de que en la relación de pareja tanto el hombre como la mujer pueden ser víctimas de violencia, y que en algunos casos las mujeres agreden física y psicológicamente a sus maridos, haremos un énfasis mayor en la violencia de la cual la mujer es la víctima, debido a que es mayor el número de abusos que se generan del hombre hacia la mujer. Los estudios muestran que la violencia hacia la mujer en la relación de pareja es tres veces mayor que la que se ejerce de la mujer hacia el hombre.

Por otra parte, también se presenta la violencia física de la mujer hacia el hombre, pero la proporción es mucho menor. De los miles de casos estudiados de violencia conyugal, alrededor del 1% de las esposas maltratan físicamente a su marido; en un 23% se da la agresión mutua en igualdad de condiciones; en un 76% el marido ataca a la esposa, quien por lo general no tiene posibilidades de defenderse o repeler la agresión. Esto nos confirma que, por lo regular, la principal víctima de la violencia en la pareja es la mujer.

Causas de la violencia en la relación de pareja

L a mayoría de los estudios señalan que no hay una causa que produzca violencia en la relación de pareja; más bien se encuentran algunos factores que se asocian al riesgo de que se produzcan actos de violencia física, psicológica o sexual. Estos riesgos se clasifican en cuatro categorías:

✔ Factores de tipo individual o personal.
✔ Factores propios de la relación de pareja.
✔ Factores socioculturales.
✔ Factores de tipo religioso.

FACTORES DE TIPO INDIVIDUAL O PERSONAL

Aunque cada persona es diferente a las demás, se ha encontrado que por lo general en los cónyuges violentos se presentan las siguientes características:

Baja autoestima

Al aprecio que la persona tiene por sí misma se le denomina autoestima. Este aspecto es muy importante en el ser humano porque determina en gran parte su comportamiento individual y la manera como se relaciona con los demás. Los cónyuges que maltratan a su pareja carecen de los diferentes componentes de la autoestima, como son la sensación de sentirse amado, aceptado, atractivo, valioso, útil y digno de respeto. Dichas carencias le generan sentimientos de inferioridad o de superioridad.

Muchas veces, tras la conducta arrogante y prepotente se esconde una pobre autoestima que trata de compensarse con manifestaciones de poder y autoritarismo.

Por otra parte, cuando una persona siente que vale poco espera el engaño, el maltrato y el desprecio de los demás; esto le abre la posibilidad de convertirse en una víctima, lo que le ocasiona dificultades para establecer relaciones interpersonales sanas y enriquecedoras. También es indicador de baja autoestima la exagerada susceptibilidad, que le lleva a sentirse ofendida por aquellas palabras o actos que percibe como amenazas a su ego.

Los hombres que golpean a sus esposas tienen tan baja autoestima que reaccionan con hostilidad cuando su masculinidad y autoridad se ponen en duda. A la vez, por su baja autoestima, las mujeres que son maltratadas físicamente tienen dificultad para hacer valer sus derechos, o en otros casos, proyecta su automenosprecio en el cónyuge menospreciándolo y restándole su valor como persona.

Falta de autocontrol

Los cónyuges que maltratan a su pareja carecen del mecanismo de autocontrol para enfrentar adecuadamente las situaciones desagradables que se les presentan. El autocontrol o dominio de sí mismo, es una de las habilidades indispensables para vivir en armonía con nosotros mismos y con los demás. Su carencia puede dañar nuestras relaciones con las otras personas, especialmente con las más cercanas como son la pareja y los hijos.

Los estudios científicos han demostrado que nuestro cerebro tiene dos hemisferios. El hemisferio cerebral izquierdo es racional, analítico, reflexivo; y el hemisferio cerebral derecho es emocional, impulsivo y a veces ilógico.

Si vivimos guiados principalmente por las emociones, vamos a carecer del autodominio necesario para controlar los impulsos. Un ataque de ira nos puede llevar a agredir física o emocionalmente a nuestra pareja.

Es necesario asumir responsabilidad por nuestros actos y permitir la interacción de la mente y el corazón para controlar sabiamente las emociones características de la violencia como son la ira y el enojo; no tenemos excusa para la falta de autocontrol. Necesitamos asumir con mayor madurez nuestros actos, ya que tenemos los elementos biológicos para lograrlo. Así como el centro de la emoción está en el cerebro y nos puede impulsar a actuar violentamente, también allí se genera la razón que nos ayuda a controlarnos y a medir las consecuencias de nuestros actos.

Aprendizaje

Si una persona aprende que a través de la violencia puede lograr algunos fines como controlar o sancionar a los demás, cuando se sienta tensa, criticada o frustrada usará la agresión para tratar de resolver la situación. La mayoría de las investigaciones demuestran que los cónyuges que maltratan a su pareja han sido agredidos en su niñez y/o expuestos a modelos violentos, siendo en muchos casos testigos de violencia conyugal entre los padres. Pero hay que tener en cuenta que el cerebro es muy flexible y aprende constantemente. La neuropsicología demuestra que, con el esfuerzo apropiado, los hábitos inadecuados pueden ser mejorados; o sea, que podemos desaprender lo incorrecto y aprender comportamientos más convenientes.

Consumo de alcohol

Numerosos estudios demuestran que un alto porcentaje de los casos de violencia en la relación de pareja se presentan bajo el efecto del consumo del alcohol y otras drogas.

Alcohólicos son aquellos bebedores excesivos, cuya dependencia al alcohol ha alcanzado un grado tal que presenta interferencia con su salud física o mental, con sus relaciones interpersonales, su funcionamiento social y económico ("Organización Mundial de la Salud", p. 37, citado de la *Revista de Profamilia*, vol. 7).

Se usa el término "familia alcohólica" para indicar que es posible que toda una familia "tenga alcoholismo". Esto no significa que todos sus miembros sean bebedores; más bien quiere decir que aunque un solo integrante de ésta sea identificado como bebedor, las conductas relacionadas con el alcohol han llegado a afectar todo el sistema familiar. Estas familias alcohólicas por lo general son más propensas a episodios de violencia. En numerosos estudios se ha encontrado relación entre la violencia y el consumo de bebidas alcohólicas, con sus consecuencias negativas como abuso contra los niños, incesto y mujeres golpeadas; además de divorcio, depresión y suicidio.

Otros

Varios estudios han encontrado que:

- ✔ A menor educación de la mujer, mayor grado de violencia física de parte de su compañero.
- ✔ A mayor involucración de la mujer en el trabajo remunerado, menor probabilidad de sufrir violencia física.
- ✔ A mayor número de hijos, mayor probabilidad de que la mujer sea víctima de violencia en la pareja.

FACTORES PROPIOS DE LA RELACIÓN DE PAREJA

Aunque son muchos los factores de riesgo a nivel de la relación de pareja que generan comportamientos violentos, solo mencionaremos los que aparecen con mayor frecuencia como resultado de diferentes investigaciones.

Roles de género

Se entiende por *rol* el papel que una persona asume o que le asigna la sociedad ante determinadas situaciones. Los roles que tanto el hombre como la mujer desempeñan en la relación de pareja están determinados por lo biológico, lo social, la historia de la persona, las condiciones económicas y los mitos familiares.

En nuestro sistema social el hombre tradicionalmente ha representado la fortaleza, la superioridad y la autoridad; alrededor de él se organiza la familia, y por lo general es él quien determina las reglas dentro de la pareja. En los últimos años se está modificando esto debido al ingreso cada vez mayor de la mujer al estudio y al mundo laboral.

El rol asumido por el hombre, en el que hay predominio del ejercicio de la autoridad, favorece la aparición de comportamientos violentos apoyado por el rol femenino que generalmente se muestra subordinado. O sea, que el hombre aprende su papel de elemento dominante y los medios para ejercer su dominio, lo cual es reforzado con el papel aprendido por la mujer de persona débil, limitada y dependiente.

Los roles del típico matrimonio violento se componen de un marido que cree que su pareja lo amará si es lo suficientemente poderoso, omnipotente y agresivo, y por una esposa que cree que será amada si es una mujer impotente y maltratada.

Es así como el hombre se sentirá menos despreciable y más viril a través de su dominación y fuerza física, respondiendo al concepto que tiene de hombre; en cambio, la mujer demuestra ser femenina siendo sumisa, débil e impotente, reforzando así su rol de maltratada.

Este papel femenino se perpetúa a partir de la creencia inadecuada de que solo recibirá amor si se humilla y soporta el maltrato como algo normal y rutinario, debido en parte a la dependencia económica o afectiva, o a la vergüenza que le lleva a ocultar esta situación que afecta su autoestima y obstaculiza su desarrollo como ser humano, o por no saber cómo resolverla.

Cambios en los roles de género

En los últimos años, y como consecuencia de los avances tecnológicos, el rol femenino ha ido cambiando poco a poco: de tolerante, receptora, pasiva y reproductora, a ser activa, responsable de sí misma y autodeterminada.

Por esta razón, la autoridad que tradicionalmente se ha otorgado al hombre está en crisis; las relaciones hombre-mujer tienden a ser más igualitarias y la dificultad para lograr la igualdad se manifiesta en conflictos en la relación de pareja.

El hombre siente haber perdido su dominio e identidad masculina; la mujer ha adquirido el poder que muchas veces no sabe cómo manejar y termina utilizando las mismas formas de abuso y de dominio que ha aprendido de la cultura machista.

El hombre, con tal de mantener su posición autoritaria y dominante, acude a la agresión y a la violencia como arma eficaz para someter a las personas, doblegar voluntades y perpetuar costumbres, porque se siente poseedor de los derechos sobre sus subordinados. Por su parte la mujer, para mantener su posición, emitirá conductas violentas que maltratarán psicológicamente a su familia.

Rivalidad en la relación de pareja

La rivalidad se define como el enfrentamiento entre dos fuerzas con el fin de que una de las dos gane y conquiste el poder sometiendo así a la otra. En las parejas donde existe la violencia se trata de lograr este objetivo a través de la imposición en lugar de la negociación. Utilizan los elementos que encuentran a su alcance como el dinero, el sexo, el temor, el afecto, los premios y los castigos, entre otros, para lograr sus propósitos.

La rivalidad es una manera de afirmación del yo; se relaciona directamente con el concepto que la persona tiene de sí misma. La persona que necesita afirmarse en el cónyuge para mejorar su autoestima puede llegar a rivalizar con él para lograr el reconocimiento que anhela.

Estrés

El estrés es otro factor que afecta las relaciones interpersonales. A lo largo de su ciclo de vida la pareja se ve afectada por situaciones estresantes como el desempleo, las enfermedades crónicas, problemas económicos y otros. Para algunas personas estas situaciones resultan más estresantes cuando se viven en pareja que cuando se asumen individualmente; al no saber afrontar este tipo de crisis se tornan irritables y reaccionan violentamente.

En una investigación realizada por Stith sobre estrés y violencia, se concluye que el estrés no es causa de la violencia pero sí puede incrementar la probabilidad de que ésta aparezca (Stith, S. y Williams, M., *Psicosociología de la violencia familiar.* Bilbao: Desclés de Brower, 1992).

Otras causales

Como se mencionó en el capítulo 6, los celos, la competencia y la lucha por el poder también pueden considerarse como factores asociados con la violencia en la pareja.

FACTORES SOCIOCULTURALES

El machismo

Numerosos estudios demuestran que la cultura machista es uno de los principales factores de tipo sociocultural asociados a riesgos de aparición de comportamientos violentos (Profamilia, *La violencia y los derechos humanos de la mujer.* Bogotá: 1992). Se entiende por "machismo" el mito de la autoridad natural del hombre sobre la mujer. La superioridad del macho, que es la esencia del mito, se manifiesta en la visualización del varón como un hombre duro, autoritario, agresivo, valiente, seguro de sí mismo, seductor e infiel (San Martín, H., *El machismo en América Latina. Mitos y realidades de la supuesta supremacía del hombre.* Conferencia VI congreso colombiano de sexualidad. Cali: Memorias, 1994).

La contrapartida de este fenómeno es el mito de la feminidad sumisa, cuya esencia concreta es la dependencia social de la mujer con respecto al hombre; ella es una mujer sumisa, maternal y obediente a la que se le puede maltratar en todo sentido.

El sistema social establece a través de las leyes, la economía y la educación, una posición de inferioridad para la mujer poniéndola en una situación de vulnerabilidad ante la violencia conyugal. En otras palabras, se discrimina a la mujer porque se le considera inferior al varón.

La forma como la sociedad tolera el maltrato del hombre

hacia la mujer es un indicador del poder y la omnipotencia del hombre en la relación de pareja.

El contexto social de dominio y privilegio del hombre, la discriminación y subordinación de la mujer y los mitos de superioridad del hombre, son el marco estructural que hace posible que la mujer sea víctima de la violencia conyugal.

Deficiencias del control legal

El 20 de diciembre de 1993 las Naciones Unidas aprobaron la "Declaración sobre la eliminación de la violencia contra la mujer", y el 19 de abril de 1994 la Organización de Estados Americanos adoptó la "Convención interamericana para prevenir, sancionar y erradicar la violencia contra la mujer". Estos importantes instrumentos internacionales para enfrentar legalmente el flagelo de la violencia, aun son desconocidos o no aplicados en varios países de América Latina.

A pesar de estos instrumentos legales, frente a la violencia familiar la sociedad responde con indiferencia, por la creencia de que se trata de un problema individual que solo compete a los implicados y que su solución se encuentra en la esfera de la intimidad. Esto hace que la sociedad se haga cómplice de la violencia y que no operen los mecanismos de protección, quedando la violencia en un marco de impunidad que a su vez la perpetúa como un modo de relación. Pero esto no debe ser así; la violencia en la relación de pareja no es una situación individual y aislada; tenemos que verla como un problema social al que se le deben encontrar soluciones basadas en el respeto, la autonomía y la dignidad de hombres y mujeres.

¿Por qué no se denuncian los atropellos que suceden en la intimidad familiar?

En el caso de los hombres víctimas de violencia física, la principal causa para no denunciarla es que sienten vergüenza de que otras personas se enteren del maltrato del que son objeto. En el caso de las mujeres, que son la mayoría de las víctimas de maltrato físico, no lo denuncian por las siguientes razones:

1. Desconocimiento:

> ✔ No saben que el maltrato físico y verbal son delitos que se castigan con cárcel.
> ✔ No saben ante cuáles instancias del gobierno denunciar estos delitos.
> ✔ No saben que las relaciones sexuales entre parientes próximos constituyen el delito del incesto.
> ✔ No saben que el maltrato físico y verbal son causales de divorcio y/o separación de cuerpos.

2. Desconfianza:

> ✔ Creen que con denunciar no se va a solucionar el problema.
> ✔ Temen las represalias.
> ✔ Creen que las autoridades no les prestarán atención.
> ✔ Creen que los procedimientos legales son muy engorrosos.
> ✔ Tienen miedo a quedarsen solas.

Conocer y utilizar los mecanismos legales de protección que existen en tu medio te puede generar mayor seguridad para defenderte y solicitar ayuda.

Por otra parte, a pesar de las leyes y mecanismos de protección, aún existen vacíos de parte de las instituciones y, sobre todo, de los funcionarios públicos para responder a las peticiones de ayuda. Es bien sabido que todo funcionario(a) al recibir un caso de maltrato responde no solo desde su posición como psicólogo, trabajador social o juez, sino también con sus propios valores y actitudes sobre la violencia intrafamiliar y sobre las relaciones entre ambos sexos. Su propia vida e historia pueden verse reflejadas en el hecho que va a tratar; entonces, es posible que al atender a una víctima de la violencia responda con prejuicios que pueden influir en la acción profesional.

¡No hay excusa!

Aunque se puede explicar el comportamiento violento a través de los factores de tipo individual, de la relación de pareja y de tipo sociocultural antes mencionados, éstos no se pueden usar como excusa para cometer actos delictivos.

FACTORES CAUSALES DE TIPO RELIGIOSO

Según la Biblia

La principal causa de la violencia en la relación de pareja es el pecado. El capítulo 3 de Génesis nos relata el inicio de la violencia en la primera pareja humana. El hombre y la mujer desobedecieron a su Creador pretendiendo dejar de ser la imagen de Dios para convertirse en Dios. De esta manera entró "la muerte" (Génesis 2:17). Esta "muerte" afectó la capacidad de relación que tenía el ser humano en tres dimensiones:

- ✔ Con Dios: Adán se esconde de él (Génesis 3:9, 10).
- ✔ Consigo mismo: siente vergüenza por primera vez (Génesis 3:7, 8).
- ✔ Con su esposa: la acusa, toma distancia, la utiliza (Génesis 3:12).

A raíz de la caída, el ser humano se desubica. Atienza comenta que "la esencia de la persona queda afectada, truncada y distorsionada" (Atienza, J., "Persona, pareja y familia", en *Fundamentos bíblico teológicos del matrimonio y la familia*. Quito: Eirene, 1992). Siguiendo estos planteamientos, a partir de este momento el hombre y la mujer ya no se ven como iguales, no pueden aceptarse a sí mismos, se distancian y se acusan.

Todo cambia después de la caída. El plan de Dios había sido distorsionado. Satanás había logrado sabotear la intención original de Dios.

En el plan original, el hombre y la mujer estaban en igualdad de condiciones por cuanto ambos fueron hechos a imagen y semejanza de Dios; en igual capacidad de administrar la creación, en igualdad de sexualidad por cuanto ambos pueden disfrutarla y son copartícipes de la procreación.

La mujer, que en la creación había sido recibida como la compañera, la ayuda idónea, ahora es vista como la "causa" del problema. El hombre se convierte en un ser "acusador", incapaz de asumir su responsabilidad y manejar su autonomía.

La diferenciación sexual, elemento que hacía posible la complementariedad, que los acercaba, que les permitía el reconocimiento y enriquecimiento mutuo, que les hacía primeramente pareja, ahora los desubica, disocia y desequilibra. La mujer quedará entre dos direcciones: La una que le atrae hacia su marido (Génesis 3:16) y la otra que le atrae hacia su autonomía.

El varón, por su parte, responde también desequilibradamente, toma ventaja de esa situación y la explota, dominándola. Él ahora la ve diferente y le cambia el nombre. Ya no es *Ishah* (varona), término que destaca su identidad (Génesis 2:23), sino *Eva* (madre de todos los vivientes), término que resalta su función (Génesis 3:20). La "idoneidad" ha quedado supeditada a la "utilidad". La mujer pasa a ser un medio para lograr un fin. La sexualidad se ha reducido a genitalidad. El sujeto se ha reducido a objeto, y esto ha influido a través de la historia. Podemos encontrar aquí las raíces históricas y profundas del machismo. La caída, entonces, afectó la base misma del matrimonio y la familia.

Aunque en este pasaje encontramos las raíces históricas de la violencia familiar, damos gracias a Dios que el ser humano no se quedó caído. Dios mismo se hizo carne para liberarnos del pecado y darnos la posibilidad de una vida abundante, a través de Jesucristo. Frente a la obra destructora de Satanás Dios provee la restauración de todas las cosas a través de Jesucristo. En él todo puede volver a ser como en el plan original, en donde el hombre y la mujer unidos por el amor se complementan para desarrollar toda su potencialidad como hijos de Dios.

Factores asociados con interpretaciones erróneas de las verdades bíblicas

✔ PREJUICIOS MACHISTAS

La lectura prejuiciada que se ha hecho de algunos textos bíblicos, vistos bajo el lente de la cultura patriarcal, es otro de los factores asociados con actitudes y compotamientos violentos en la relación de pareja donde la mujer es la víctima principal. Veamos dos casos:

El caso de Tania

Ayer Camilo me pegó otra vez; me amenazó con no dejarme entrar a casa si le cuento a mi familia lo sucedido. A pesar de mis temores, me decidí a contarle todo al pastor de la iglesia a la que asisto con mis dos hijos. Él me dijo que tenía que orar por Camilo, que procurara complacerlo en todo y que no lo hiciera enojar para que Dios no me castigara.

El caso de Suza

Le tengo mucho miedo a Luis. Las peleas se hacen cada día más frecuentes. Él me grita, amenaza e insulta constantemente. Me controla hasta el punto de tener que pedirle permiso para comprar un par de medias. Estoy tan aburrida que me despierto en la madrugada y paso horas pensando y llorando. Sé que tengo que obedecerle y él me lo recuerda constantemente, me dice que tengo que someterme a su autoridad porque él es la cabeza del hogar y eso es lo que dice la Biblia. Quiero ser fiel a Dios pero estoy muy confundida.

✔ LA CULPA

La actitud del pastor que habla con Tania, la esposa de Camilo, evidencia el desconocimiento que él tiene de la magnitud de la violencia hacia la mujer. Parece ser que acepta la violencia como algo normal. La mujer tiene que soportar pacientemente la agresividad de su esposo, y hasta el pastor sugiere que ella es la culpable de lo que pasa porque lo hace enojar.

Este pastor no le brinda el apoyo que ella necesita para protegerse e interrumpir la violencia física de la cual es objeto. Este tipo de orientación religiosa puede impedir a la mujer que actúe adecuadamente, haciéndole pensar que Dios quiere castigarla y que ese hombre es la cruz que le toca soportar porque se la merece.

No te confundas, tú no eres culpable del comportamiento abusivo de tu esposo. Dios no quiere que vivas una vida amargada. ¡Él quiere darte la ayuda y fortaleza necesarias para vivir una vida abundante!

✔ EL SOMETIMIENTO *VERSUS* LA SUBYUGACIÓN

El caso de Suza es un reflejo del abuso al que ha estado sometida la mujer durante la historia de la humanidad, ocupando un lugar secundario con respecto al varón, sustentado por la creencia errónea de que Dios la hizo inferior. Por lo tanto, tiene que estar subordinada bajo el poder y la autoridad del esposo quien también, erróneamente, se considera superior a ella.

Efesios 5:21-24 es uno de los textos de la Biblia más usados para justificar el maltrato hacia la mujer.

> Sométanse unos a otros, por reverencia a Cristo. Esposas, sométanse a sus propios esposos como al Señor. Porque el esposo es cabeza de su esposa, así como Cristo es cabeza y salvador de la iglesia, la cual es su cuerpo. Así como la iglesia se somete a Cristo, también las esposas deben someterse a sus esposos en todo.

¿Es la mujer inferior al varón en el plan de Dios ? ¿Qué significa sumisión en la relación de pareja? ¿Qué quiere decir el texto con la expresión: *el esposo es cabeza de la esposa*?

Según Hauber, cuando el apóstol Pablo habla de sumisión usa una palabra que describe una actitud voluntaria de entrega, cooperación, responsabilidad y aceptación de llevar una carga. Significa honrarse y respetarse el uno al otro, preferir al otro sobre sí mismo (Haubert, C., *La mujer en la Biblia. Implicaciones para el liderazgo femenino en la iglesia.* San José: Visión Mundial, 1994).

Aunque el mensaje sobre las relaciones entre marido y mujer comienza en el versículo 21: "Someteos los unos a los otros", cuando se trata de argumentar del sometimiento de la esposa al esposo se olvida el versículo 21 y se hace énfasis en el versículo 22: "Esposas, sométanse a sus propios esposos como al Señor".

Según los estudiosos de la exégesis bíblica no se pueden leer los versículos 22-24 independientemente del versículo 21. El texto es muy claro en que la sumisión es mutua, no se trata solamente de un deber de la esposa.

El llamado que hace el apóstol Pablo a los esposos para que se sometan mutuamente corrige cualquier idea de autoridad y subordinación. El texto demanda que la esposa se someta al esposo (v. 22) pero la demanda para el esposo es la misma; como tampoco el mandato que recibe el marido de amar a su esposa (v. 25) la exime a ella de amar a su marido.

Infortunadamente, a través de la historia se han leído estos textos desde una perspectiva machista, interpretando la subordinación como el deber de la esposa, estimulando así el ejercicio de la dominación por parte del esposo y por ende la violencia intrafamiliar.

Entonces la Biblia no enseña un sometimiento unilateral y mucho menos una subyugación donde la mujer se tiene que someter a los caprichos del esposo, sino una relación donde marido y mujer se someten primeramente al Señor y luego el uno al otro voluntariamente, sin ningún tipo de coacción, estimulados por el amor y la entrega mutua.

✔ SUPERIORIDAD *VERSUS* IGUALDAD

Uno de los argumentos que comúnmente se ha utilizado para defender la idea errónea de la subyugación de la mujer por parte del varón y cometer todo tipo de atropello contra ella se encuentra en la inadecuada interpretación de los versículos 23 y 24 de Efesios 5.

Bilezikian y otros autores, como Haubert, plantean que tradicionalmente se ha interpretado ser "cabeza" como "el gobierno que ejerce una persona de mayor jerarquía o autoridad" (Bilezikian, G., *El lugar de la mujer en la iglesia y en la familia. Lo que dice la Biblia*. Buenos Aires: Nueva Creación, 1995). Se ha aceptado esta definición para probar que existe un orden jerárquico en el cual el hombre es superior a la mujer y esta tiene que someterse y seguir su autoridad. Desde este punto de vista, la relación esposo-esposa se ve afectada porque se da por sentado que la mujer es inherentemente inferior al hombre y por lo tanto debe ocupar un lugar subordinado. ¡Cuántas situaciones violentas se desprenden del mal entendimiento de este concepto!

Aunque en español el término "cabeza" se usa para referirse a la parte superior del cuerpo, y para referirse a un superior como un jefe o un caudillo, en el lenguaje bíblico no tiene igual significado. Estudiosos del griego, idioma en que se escribió el Nuevo Testamento, han descubierto que el significado de "cabeza" es "fuente de vida" o "nacimiento de río" y que no expresa autoridad, jerarquía o superioridad.

En el Nuevo Testamento el término "cabeza" no se usa para referirse a una persona de alto rango, o sea, que los textos como Efesios 1:2, 23; 4:15, 16; 5:21-23; Colosenses 1:15-20, donde se presenta a Cristo como la cabeza de la iglesia, en lugar de comunicar la autoridad o dominancia sobre la iglesia, comunica la participación de la iglesia con la autoridad de Cristo.

Cuando se usa el término "cabeza" referido a la relación matrimonial, se está reconociendo que la mujer fue creada de una costilla de Adán; por lo tanto él es la fuente, o el origen de la vida de la mujer en la creación. Es decir, el hombre es el instrumento de vida que usó Dios para crear a la mujer.

De hecho el concepto de esposo como fuente de vida, o sea cabeza de la mujer, implícitamente indica que está llamado a brindarle protección, apoyo y un vínculo de afecto que facilite el crecimiento mutuo.

De ninguna manera se puede usar el concepto de "marido cabeza de la mujer" para justificar el maltrato y abuso contra ella; lo que enseña la Biblia es totalmente lo contrario a la interpretación machista que ha prevalecido hasta hoy. Es decir, tanto el esposo como la esposa son coherederos de la gracia de la vida y están unidos en una relación de sumisión y responsabilidad mutuas (1 Corintios 7:3-5; Efesios 5:21; 1 Pedro 3:17).

Cómo liberarnos de la violencia física en la relación de pareja

A l hablar de violencia física, no nos estamos refiriendo a una situación aislada como un empujón o una cachetada en un determinado momento. Claro está que esto es una agresión y una falta de respeto, pero si los empujones y otro tipo de ataques se convierten en una conducta que se repite de un cónyuge a otro y éste lo soporta, poco a poco se van acostumbrando a esa situación aunque el agredido no esté de acuerdo. En estos casos estamos ante una situación típica de violencia marital.

La excepción se presenta en parejas con interacciones sadomasoquistas, o sea las que experimentan placer sexual a través del dolor y la humillación que le proporciona la pareja.

Mujeres golpeadas por sus maridos se encuentran en todos los lugares del mundo; las hay de diferentes edades, clases sociales, credos religiosos y diferentes niveles de educación.

Los especialistas de países pioneros en la investigación de la violencia marital están de acuerdo en señalar que el 50% de las mujeres han recibido maltrato de sus maridos por lo menos una vez en la vida; y que aproximadamente el 25% de las mujeres viven en una situación de violencia permanente (Ferreira, G., *La mujer maltratada*. Buenos Aires: Editorial Sudamericana, 1991).

Aunque estos datos vienen de investigaciones serias no son exactos porque, al menos en América Latina, la mayoría de las agresiones de este tipo no se dan a conocer, y mucho menos se denuncian ante las autoridades. Se mantienen ocultas por vergüenza, o porque se piensa que el maltrato es un asunto privado que se debe mantener en secreto; de esta manera se encubre un delito que debe ser conocido y castigado.

CICLO DE LA VIOLENCIA MARITAL

Leonore Walker, terapeuta familiar norteamericana, utilizando como material de análisis las historias clínicas de sus pacientes que habían vivido la violencia familiar, identificó que la violencia entre marido y mujer no es algo que ocurre todos los días, es más bien un proceso que se vive reiteradamente con tres fases bien definidas, las cuales varían en duración e intensidad (Walker, L., "Ciclo de la violencia familiar". Revista *Familia y Sociedad*, núm. 80. Bogotá: 1993).

Conocer esas fases nos ayudará a prevenir y evitar las interacciones violentas entre las parejas donde existe una mujer golpeada y un hombre violento.

Fase 1: La acumulación de tensión

Durante esta fase se producen golpes menores. La mujer golpeada maneja estos incidentes de diversas maneras. Usualmente intenta calmar a su compañero con acciones que le han resultado exitosas anteriormente. Puede ser cariñosa y complaciente o evitar estar cerca de él.

Sin darse cuenta permite que su compañero piense que acepta el abuso como un hecho "legítimo" dirigido hacia ella. No es que la mujer desee recibir golpes, más bien tiene sus energías psicológicas comprometidas en impedir que el cónyuge vuelva a herirla, evitando la culpa que le genera su enojo.

Ella acude inconscientemente a un mecanismo de defensa llamado negación. Se niega a sí misma que está enojada y que injustamente ha sido herida física o psicológicamente. Racionaliza que tal vez merece el abuso.

Si él arroja la comida al piso, ella piensa que la cocinó mal. Mientras limpia puede pensar que la respuesta de él fue excesiva, pero también se siente agradecida porque el incidente no fue tan grave como habría podido ser.

La mujer tiende a minimizar los accidentes aislados pensando que podían haber sido peores, o los explica como resultado de otros problemas externos que tiene el hombre, como dificultades económicas, laborales, consumo de alcohol, y factores externos que ella no puede resolver. Eso facilita la negación de la violencia.

La mujer piensa que si espera la situación cambiará, pero la realidad es que no se produce ninguna mejoría, solo pospone la segunda fase del ciclo.

Durante los estadios iniciales de la primera fase, efectivamente se tiene un control, pero cuando la tensión aumenta el control se va perdiendo. La rabia de la persona maltratada va creciendo aunque no puede reconocerlo o expresarlo.

El agresor, apoyándose en la aparente aceptación por parte del otro de la conducta abusiva, no hace nada por controlarse, sabe que su conducta es inapropiada pero no la cambia. La mayoría de los agresores solo son violentos en su propia casa porque se dan cuenta de que en otros espacios su conducta abusiva no sería tolerada.

La actitud flexible que la sociedad tiene ante la conducta violenta en la relación de pareja hace que el hombre refuerce su creencia en el derecho de "disciplinar" a su mujer. Solo el rechazo social de la conducta abusiva hace pensar al hombre en la necesidad de cambiarla.

Muchas parejas permanecen en esta primera fase durante largos períodos de tiempo; evitan llegar a la fase aguda, hasta que se presenta una situación externa que les hace romper el delicado equilibrio.

Estas mujeres saben que el compañero es capaz de hacer daño. La tensión es creciente, se les hace difícil soportarse, empiezan a presentarse más frecuentemente los incidentes de golpes menores y por ello aumentan los sentimientos de rabia en la mujer.

La mujer ya no puede soportar el dolor, está extenuada por la tensión constante y tiene miedo al desencadenamiento de la violencia. El hombre actúa más opresivamente, observa las expresiones de ella y piensa que ella puede tolerar aún más; la tensión es insoportable.

Fase 2: El episodio agudo de golpes

Este es el punto donde termina la acumulación de tensión y el proceso ya no responde a ningún control. Esta segunda fase se caracteriza por la descarga incontrolada de las tensiones que se acumularon durante la fase uno.

La ira del hombre puede ser tan grande que pierde el control sobre su conducta. Puede empezar queriendo darle "una lección" a la mujer y detenerse cuando crea que ella ya la ha aprendido. Pero cuando esto ocurre, la mujer ya ha sido golpeada. El golpeador trata de justificar su conducta echando la culpa a incidentes de la primera fase o a alguna situación externa como el alcohol.

La segunda fase del ciclo es más breve que la primera y la tercera. Usualmente dura entre 2 y 24 horas, aunque algunas mujeres han informado haber permanecido más de una semana en una situación de terror.

La anticipación de lo que va a ocurrir ocasiona una importante tensión a la mujer golpeada. Le puede producir cambios en el comportamiento como insomnio, pérdida del apetito, o a la inversa dormir mucho, comer mucho o tener fatiga constante. Muchas mujeres presentan dolores de cabeza, de estómago, alta presión, reacciones dermatológicas y cambios en el ritmo cardiaco.

La única opción que tiene la mujer es encontrar un lugar a salvo para esconderse. Si la mujer contesta el ataque verbal, por lo general el hombre se enoja más; si ella permanece quieta, también puede enfurecerlo, o sea que será golpeada independientemente de lo que haga.

La mujer agredida afirma no sentir tanto el dolor del golpe

físico como la situación de trampa psicológica y el no encontrar salida; esta situación está acompañada por la creencia de que si se resiste la situación empeorará. También hay una sensación de no ser ella misma, como si estuviera viendo a otra que cae y es golpeada.

Cuando ha finalizado la fase aguda, la mujer entra en una etapa de shock caracterizada por la negación de que las cosas hayan sucedido como las recuerda. Por lo general tanto el hombre como la mujer encuentran maneras de racionalizar la seriedad de los ataques. La mayoría no buscan ayuda inmediatamente después del ataque, a no ser que estén mal heridas y que la atención médica sea indispensable.

Los síntomas incluyen indiferencia, depresión, sentimientos de desamparo y la sensación de que estos hombres golpeadores nunca serán controlados por la ley.

Fase 3: Conducta arrepentida, amante, bondadosa

El fin de la fase 2 y la entrada en la fase 3 es algo muy deseado por ambos cónyuges. Así como la brutalidad está asociada con la fase 2, la fase 3 se caracteriza por una conducta de arrepentimiento y de expresiones de afecto de parte del hombre golpeador. Él sabe que ha ido demasiado lejos y trata de arreglar las cosas. La tensión acumulada en la primera fase y disipada en la segunda ya no está. En esa fase el hombre golpeador se comporta de manera encantadora y cariñosa.

Algunos se disculpan por lo que han hecho y expresan su arrepentimiento. El hombre se siente culpable por su conducta, se lo dice a su mujer, le pide perdón y asegura que no volverá a ocurrir. El agresor realmente cree que nunca volverá a golpear a la mujer que ama, piensa que será capaz de controlarse. También cree que ya le enseñó a ella una lección para que nunca vuelva a repetir lo que hizo que él la golpeara.

Este es el momento en que la mujer está más lista para escapar de ese tipo de relación. En cambio el golpeador no escatimará recursos con el propósito de retenerla a su lado. La manipulará con argumentos que le generen a ella culpa por el hecho de marcharse; frases como: "Si te vas me suicido"; "No se cómo vivir sin ti"; "Si tú no me ayudas, quién me va a ayudar" son muy comunes en boca del agresor.

La mujer golpeada entra en una ambivalencia de sentimientos; una parte de sí misma quiere salir de la relación maltratante, su otra parte se apega al amor que le tiene a su compañero y se resiste a perderlo. Además el golpeador dice que necesita ayuda; ella piensa que tiene que quedarse con él para poder ayudarlo.

La realidad es que la mujer tiene muy pocas posibilidades de ayudar al golpeador permaneciendo junto a él, porque volverá a iniciar el ciclo de violencia. Es más probable que el golpeador busque ayuda si se da cuenta de que el requisito para continuar con su esposa es erradicar definitivamente su comportamiento agresivo.

En esta fase el golpeador se comporta amablemente, es protector y cariñoso, justo como realmente ella anhela que sea. Esto la lleva a pensar que si ella lo ayuda, él siempre será así, y afirmará en ella la visión idealizada de su relación.

La mujer golpeada cree en la conducta de arrepentimiento del golpeador. Si lo ha denunciado legalmente retira su denuncia y trata de arreglar las cosas hasta que se presenta el próximo incidente agudo.

Si la mujer ha atravesado varias veces las tres fases y experimentado el peligro físico y psicológico al que ha estado expuesta, siente odio y vergüenza hacia sí misma.

La duración de esta fase no ha sido determinada, parece ser más corta que la fase 1 y más larga que la fase 2. Tampoco se sabe cómo termina esta fase. La mayoría de las mujeres dicen que antes de que se den cuenta comienza nuevamente la tensión. Cuando esto ocurre y se vuelve a la fase 1, muchas mujeres pierden el control, aparece la rabia reprimida y en algunos casos atacan a los hombres.

Pautas para tu libertad

AUTOEVALUACIÓN

Responde con Sí o No.

Tu esposo o compañero:

Sí   No

☐ ☐ 1. Te pega, te da cachetadas, te muerde, te patea, te escupe.

☐ ☐ 2. Te arroja cosas.

☐ ☐ 3. Te sujeta para detenerte contra tu voluntad.

☐ ☐ 4. Te amenaza con armas como un cuchillo, una pistola, un martillo, una piedra, un palo...

☐ ☐ 5. Te descuida cuando estás imposibilitada físicamente por enfermedad o embarazo de alto riesgo.

☐ ☐ 6. No te provee alimento en los casos cuando tú lo necesitas y él está en posibilidades de hacerlo.

Tu situación:

☐ ☐ 7. ¿Tienes miedo de que tu esposo te golpee en cualquier momento?

☐ ☐ 8. ¿Anhelas sentirte segura en tu propia casa?

☐ ☐ 9. ¿Haces cosas en contra de tu voluntad por miedo a que tu esposo te agreda?

☐ ☐ 10. ¿Reconoces haber experimentado el Ciclo de Violencia Marital en tu relación de pareja?

Si contestaste afirmativamente por lo menos la mitad de las preguntas anteriores, estás ante un caso de violencia física. A continuación te ofrecemos algunas pautas para encontrar una salida.

Encuentra una salida

Dispónte a modificar el ciclo de violencia. Ten en cuenta que hay modos de mirarse a uno mismo, maneras de ver a los otros y comportamientos que, si los afrontamos asertivamente, pueden generar cambios tanto en la mujer como en el ambiente familiar que conducen a reducir y aun a erradicar la violencia. Cuando se habla de afrontar asertivamente, quiere decir que se hace uso de los derechos sin ser agresivos.

✔ Reconoce que eres víctima de maltrato por parte de tu pareja.

✔ No existe razón alguna para que un ser humano violente a otro. Toma en serio cualquier manifestación de violencia, analízala y reflexiona.

✔ Toma conciencia de tus derechos y hazlos respetar.

✔ Espera y exige que tu pareja comparta el esfuerzo por resolver las dificultades de la relación, asumiendo cada uno la responsabilidad de sus actos y el desarrollo de comportamientos encaminados a cambiar la dinámica conflictiva.

✔ Toma responsabilidad por ti misma, no permitas los abusos y atropellos de los que eres objeto.

✔ Busca la ayuda de tus familiares, de personas cercanas y/o centros de atención para mujeres golpeadas.

✔ Denuncia el caso ante las autoridades; recuerda que la violencia en la familia también es un delito.

✔ Recuerda que cuentas con la ayuda de Jesús quien sufrió y murió en la cruz para darte vida abundante.

¡Dios quiere ayudarte!

No es la voluntad de Dios que estés esclavizada a la violencia. El Señor Jesucristo dijo:

Si el Hijo os libertare, seréis verdaderamente libres (Juan 8:36).

Jesucristo, el Hijo de Dios, te libera de la esclavitud del pecado y de todas las otras esclavitudes que vienen como consecuencia de él; la violencia es una de ellas.

La pareja, al carecer de habilidades para resolver sus conflictos, trata de resolverlos de maneras violentas. El hombre por lo general usa la fuerza física, y la mujer muchas veces usa la violencia psicológica.

Como se señaló en el capítulo 1, el conflicto es normal en las relaciones de pareja. La normalidad de una pareja no se mide por la ausencia de conflictos sino por la capacidad que tienen los cónyuges para resolverlos. Lo importante es adquirir habilidades para la resolución de conflictos, como son el asumir responsabilidad, el reconocimiento de nuestra parte en el conflicto, el diálogo abierto, la pelea limpia donde no haya un perdedor sino dos ganadores, la negociación y, sobre todo, el perdón.

En lugar de hacer uso de la violencia para tratar de resolver los conflictos, aprópiate de los recursos que ofrece la palabra de Dios para las relaciones interpersonales, como la oración, la reconciliación y el perdón.

No hagas uso de la violencia para resolver conflictos, ni permitas que tu pareja cometa actos violentos contra ti.

No tienes que seguir viviendo una situación que te hace daño, te estanca y no te permite desarrollar las potencialidades que tienes por ser una hija de Dios.

Cómo liberarnos de la violencia psicológica en la relación de pareja

Julia tiene 55 años y está casada con Pepe, quien tiene 60 años. Sus dos hijos mayores están casados y viven fuera de la ciudad; la hija menor vive con ellos y tiene síndrome de Down.

Julia manifiesta que nunca ha sido golpeada por su marido, que él tiene ratos en que es amable y cariñoso, pero cambia muy rápidamente. La vida con él es una tortura continua. Pepe es de muy mal genio, dice Julia, se enoja por todo.

En cada explosión de ira me grita que no sirvo para nada, que no hago las cosas bien, que no aporto nada al hogar.

Si preparo los alimentos y él no quiere comer todavía, me acusa de obligarlo a hacer mi voluntad; si me espero para cocinar me acusa de pereza y de desinterés por el hogar.

Cuando nos casamos yo trabajaba como secretaria en un banco. Él me obligó a dejar el trabajo. Como no tenía dinero para satisfacer mis necesidades personales hable con él y empecé a vender algunos productos entre vecinos, conocidos y gente de la iglesia.

Al quedarse todo el tiempo en casa porque se jubiló de su trabajo empezó a enojarse cada vez que me veía hablando por teléfono. Éste es el medio que yo tengo para vender mis productos ya que él no me dejaba salir de la casa. En una ocasión se enojó tanto que me arrebató el teléfono e insultó a la persona con quien hablaba. Cuando se enteró que era su cuñada me regañó y gritó fuertemente por el incidente. Dijo que por mi culpa él había quedado mal con ella, me insistió tanto que me hizo sentir culpable y terminé pidiéndole perdón.

Me acusa de tener novio. Nunca le fui infiel cuando era joven, mucho menos ahora a mi edad. Si le pregunto cómo le fue durante el día dice que quiero controlarlo en todo; si no le pregunto dice que a mí no me interesan sus cosas. Me he esforzado muchísimo por complacerlo porque mi anhelo es vivir en paz pero todo es inútil; me culpa hasta de la discapacidad de nuestra hija.

No me permite tener amigas, detesta a mi familia y habla muy mal de ella. Cuando las hermanas de la iglesia vienen a visitarme, se pone muy grosero, interrumpe la conversación, me manda callar diciendo que no sé de lo que estoy hablando.

Nunca sé qué esperar de él, es una vida miserable. Últimamente he tenido problemas digestivos; el médico me dice que trate de estar tranquila para mejorarme de la úlcera estomacal.

Me siento avergonzada y culpable porque a veces he deseado que se muera; yo sé que ese sentimiento no está bien. De todas maneras, lo quiero mucho y me parece imposible vivir sin él. Le conté al pastor mi situación y dijo que debía tener paciencia, que tratara de comprender a mi esposo y hacerlo feliz, que le diera gracias a Dios porque en mi hogar tenía lo necesario para vivir.

Aunque este tipo de violencia no deja señales externas y sus consecuencias tal vez no puedan verse a primera vista, se experimentan como más nocivas y dolorosas que el maltrato físico.

Estas expresiones y acciones afectan las funciones psíquicas de las personas, especialmente su salud emocional. En este tipo de agresiones se incluye el maltrato verbal caracterizado por gritos, amenazas, palabras soeces, burlas, comparaciones con otras personas, críticas mal intencionadas a los amigos y familiares, además de amenazas de abandono, separación y muerte. Los efectos inmediatos son el dolor emocional, el miedo, la rabia, la falta de autonomía y la baja autoestima.

Los daños psíquicos no tardan en manifestarse cuando la presión psicológica es continua, desarrollándose en algunos casos personalidades paranoides, histeria y depresión.

A este tipo de maltrato se le llama también afectivo, emocional o moral. Muchas mujeres maltratadas dicen: "Preferiría que me pegara a que me diga lo que me dice. Sus palabras hieren lo más profundo de mi ser, me quitan el deseo de vivir".

EL MISÓGINO Y SU COMPAÑERA

El término misógino viene de dos palabras: *miso,* que significa "odiar", y *guné,* que significa "mujer". Entonces un misógino es un hombre que odia a las mujeres y las mujeres lo siguen amando. En términos generales esta palabra se usa para referirse al individuo que actúa contra su mujer en forma violenta.

En el comportamiento del misógino hacia su pareja se combinan el odio, la agresión, el desprecio y la crueldad. Se niega asumir responsabilidad por el daño que causan sus agresiones; más bien culpa a su pareja por todo lo negativo que sucede.

El misógino puede comportarse muy amablemente en un momento y luego cambiar para comportarse de una manera cruel. No siente culpa ni remordimiento por su conducta maltratadora, da la impresión de amar a su compañera y después reacciona con furia. Ante esta reacción inesperada, la mujer termina aprobando la conducta inadecuada de su marido como una reacción normal a algo inadecuado que ella ha hecho. Se dice a sí misma: "Él me insultó porque yo..." y siempre encontrará explicaciones para justificar el comportamiento de él.

Cuantas más veces la mujer acepte ser agredida en su vida emocional, más se irá enganchando en una relación dependiente. La mujer tiene que poner sus límites a fin de terminar el proceso de destrucción emocional que genera este tipo de comportamiento. Lo grave es que la mujer no lo cuestione y trate de impedirlo, ya que es absolutamente nocivo porque atenta contra su autoestima. En la relación del misógino con su pareja él siempre tiene que ganar y ella que perder.

En estos casos la mujer se siente atrapada en una situación de violencia emocional, con una relación amorosa dependiente en donde ella sigue buscando al agresor con la esperanza de que suceda algo que lo hará cambiar. El comportamiento de él le hace pensar que el problema y la culpa es de ella, por lo tanto debe reparar lo que hizo mal.

La interpretación inadecuada que se hace de algunos textos de la Biblia que sugieren que la mujer es inferior al varón, y que para ser buena esposa tiene que soportar en silencio todos los insultos y humillaciones, puede alimentar este tipo de comportamientos, pero eso no es lo que dice la Biblia. Dios creó a la pareja en igualdad de condiciones, a fin de que se apoyaran emocionalmente para continuar creciendo como personas saludables.

Un impedimento para hallar soluciones a este tipo de maltrato es la creencia errónea que Dios deja de amar a la mujer si ésta resiste al abuso, denuncia y busca ayuda, y en casos extremos termina con una relación que la puede llevar aun a la muerte. Esto no es cierto porque el amor de Dios es incondicional.

CUANDO LA MUJER AGREDE

La violencia que ejerce la mujer hacia el hombre es sutil. Tal vez no haya episodios agudos de golpes, pero sí acciones y omisiones que agreden al hombre en sus emociones, en su percepción de sí mismo y en general en su autoestima.

El abuso psicológico de la mujer no se expresa en golpes. Ella usa gestos, palabras, acciones de sentido hiriente, o sencillamente negará su afecto, su valoración y la afirmación del otro como persona. La indiferencia con relación a sus logros, la subvaloración de los gustos del esposo, la negación manipulativa de la expresión sexual y la búsqueda de alianzas con los hijos que excluyen la figura del padre, son maneras muy comunes y veladas de violencia psicológica de la mujer hacia el hombre.

Pautas para tu libertad

AUTOEVALUACIÓN

Responde con Sí o No.

Tu esposo o compañero dice o hace cosas como estas:

Sí   No

☐ ☐   1. Nunca haces nada bien.

☐ ☐   2. No sirves para nada, eres una inútil.

☐ ☐   3. Tienes la culpa de todo lo malo que sucede.

☐ ☐   4. Se burla de ti, te pone en ridículo delante de otros.

☐ ☐   5. Eres la culpable de sus ataques de ira.

☐ ☐   6. No te permite tener amistades, salir a trabajar o a estudiar.

☐ ☐   7. Te acusa sin razón de tener otro hombre.

☐ ☐   8. Te amenaza con pegarte o no darte dinero.

☐ ☐   9. Amenaza con abandonar la familia o llevarse a los hijos.

☐ ☐ 10. Te insulta y grita.

☐ ☐ 11. Te echa de la casa y amenaza con no proveer el sustento para la familia.

A veces tú haces cosas como las siguientes:

☐ ☐ 12. Generalmente desvalorizas o menosprecias aspectos de tu esposo que para él son importantes.

☐ ☐ 13. Te niegas continuamente a tener intimidad sexual con tu esposo sin razón y por motivos de venganza.

☐ ☐ 14. Emites acciones y gestos que afectan continuamente la autoestima de tu esposo.

Encuentra una salida

Si tú eres víctima de violencia psicológica:

- ✔ ¡Ámate! Aunque recibas muchas palabras descalificantes, piensa que vales mucho, que tienes capacidades y limitaciones, y el derecho a ser tratada por ti misma y por los demás con dignidad y respeto.

- ✔ Reconoce que como ser humano tienes la responsabilidad de respetar a tu cónyuge y el derecho a ser respetado por todos, incluyendo a tu pareja.

- ✔ Conversa con una persona idónea para ayudarte a identificar tu situación y buscar las alternativas más adecuadas para manejarla.

- ✔ Dispónte a confrontar a tu pareja asertivamente, o sea, con firmeza pero sin agresividad, expresándole el dolor que te genera la forma como te trata.

- ✔ Identifica comportamientos o actitudes tuyas que pueden estar violentando a tu pareja; reconócelos, pídele perdón por ellos y dispónte a superarlos.

- ✔ Ponte metas relacionadas con el crecimiento personal que alcanzarás al detener los comportamientos violentos de los que eres objeto.

- ✔ Comunícale tus decisiones a tu pareja y decidan en común acuerdo su futuro.

- ✔ No te culpes por los hechos violentos que cometan contra ti. La culpa solo paraliza y conduce a aceptar como legítimo el uso de la violencia. Es diferente analizar la situación y proponer alternativas con compromisos concretos que pueden ser evaluados.

- ✔ Busca ayuda profesional.

- ✔ Ora pidiendo a Dios el valor para afrontar la situación de violencia que estás viviendo y dar los pasos necesarios para erradicarla.

Si tú eres el agresor(a):

Disponte a encontrar alternativas que te permitan modificar tu comportamiento, adquiriendo conductas más inteligentes y adecuadas que conduzcan a relaciones dignas. Estas son algunas sugerencias para ello:

✔ Toma conciencia de que las acciones violentas pueden lesionar la integridad física y psíquica de quienes son maltratados. Todas las personas pueden sentir enojo pero no es necesario recurrir a la violencia.

✔ Asume que tienes dificultades para expresar las frustraciones. Busca medios diferentes a los violentos para lograr lo que deseas: expresar sentimientos, plantear ideas y proponer acciones.

✔ Reconoce los derechos de las personas que te rodean.

✔ Reconoce que los comportamientos violentos son aprendidos y pueden cambiarse teniendo más confianza en ti mismo y en la capacidad para enfrentar la vida.

✔ Ten en cuenta que el maltrato no solo lesiona a los otros sino a ti mismo, porque empobrece las posibilidades de afrontar los problemas, al creer que solo con la violencia se pueden resolver.

✔ Establece juntamente con tu pareja las reglas o normas que rijan la vida matrimonial llegando a acuerdos basados en la compresión, el respeto y la libre elección.

✔ Ora buscando la ayuda de Dios para cambiar tu comportamiento.

¡Dios quiere ayudarte!

Porque yo sé muy bien los planes que tengo para ustedes —afirma el SEÑOR —, planes de bienestar y no de calamidad, a fin de darles un futuro y una esperanza (Jeremías 29:11).

Lee Romanos 12:2 y Juan 8:32. Luego escribe:

1. Cómo sería mi vida si me libero del abuso psicológico al que he estado expuesto(a).

_____

_____

_____

_____

2. ¿Qué tengo que hacer según Romanos 12:2?

_____

_____

_____

_____

3. ¿Qué aspectos de mi mente deben ser transformados?

_____

_____

_____

_____

4. ¿Qué decisiones tengo que tomar?

_____

_____

_____

_____

5. ¿Qué me impide?

_____

_____

_____

_____

6. ¿Qué promesa tiene Dios para mí?

_____

_____

_____

_____

Capítulo

14

Cómo liberarnos de la violencia sexual en la relación de pareja

El caso de Rosita y Eduardo

Rosita y Eduardo son miembros de una iglesia cristiana, ella tiene 29 años y él 35; tienen dos niños de 6 y 4 años. Él es un líder muy conocido en la congregación; es profesor de matemáticas en un colegio. Eduardo siempre habla bien de Rosita, le envía flores y tarjetas bonitas.

Eduardo es muy celoso; me controla y no me deja ir sola a ningún lugar, me cela con su hermano, sus primos, y hasta con mi padre.

Cuando me encuentra hablando con algún familiar o amigo de la iglesia, se llena de ira, me insulta y después me obliga a tener relaciones sexuales; si lo rechazo hace uso de su fuerza y amenazas para lograr su propósito. No grito para evitar que los niños se despierten y se den cuenta de lo que está sucediendo.

Me siento violada, me trata como una cosa a la que utiliza como él quiere. No me respeta como persona. Lo amé mucho, pero por sus actitudes le he ido perdiendo el amor.

LA VIOLACIÓN SEXUAL EN LA RELACIÓN DE PAREJA

Un tipo de violencia del que poco se habla y es muy frecuente en la relación de pareja es la violación sexual. Es tan frecuente que algunas mujeres llegan a sufrirla centenares de veces.

Entendemos por violación sexual en la relación de pareja la imposición sexual del varón sin tener en cuenta el deseo, la voluntad, el cansancio y la enfermedad de la mujer; es decir, "obligarla a realizar actos sexuales contra su voluntad dañando físicamente partes de su cuerpo y utilizándola como un objeto sexual" (Mullender, A., *La violencia doméstica. Una nueva visión de un viejo problema*. Barcelona: Paidós, 1996).

Este abuso, además de toda la violencia que implica para la mujer, ejerce presión psicológica, lesionando su valor e integridad como persona, puesto que los hombres que actúan así no buscan cercanía y afecto sino imponer su poder, autoridad y dominio sobre la mujer que cree que es de su propiedad. Muchos hombres creen que son dueños del cuerpo de su esposa y esperan que ella esté lista a tener relaciones sexuales y a satisfacer todo tipo de fantasías que tengan en su mente. Si hay alguna resistencia por parte de ella, él va a usar su poder físico y psicológico para lograr su propósito.

También se presenta violencia sexual de parte de la mujer hacia el hombre, en los casos cuando ella lo ridiculiza, lo acusa o hace acusaciones sin fundamento cuando él no está en condiciones de responder a sus requerimientos sexuales por razones físicas o psicológicas. Este tipo de violencia afecta psicológicamente al hombre y en muchos casos le genera disfunciones sexuales, además de afectar la relación de pareja.

Argumentos del esposo abusador

Los siguientes son algunos de los argumentos de un esposo violador:

- ✔ La Biblia dice que la mujer no tiene derecho sobre su cuerpo sino el marido.
- ✔ Es mi mujer y tiene la obligación de complacerme sexualmente.

✔ Yo soy el hombre, tengo experiencia y sé que es lo que le gusta a las mujeres en la intimidad.

✔ Ella es fría sexualmente y tengo que ser agresivo para hacerla "despertar".

✔ Tengo que demostrarle lo fuerte que soy para que no se interese por otro hombre.

✔ A las mujeres hay que demostrarles la fortaleza sexual de los varones.

✔ Es la manera de solucionar una pelea entre marido y mujer.

Argumentos de la esposa

✔ El esposo tiene que estar listo en cualquier momento para responder a las insinuaciones sexuales de la esposa.

✔ La falta de respuesta sexual por parte del esposo es un indicador de desamor.

Consecuencias del abuso marital

La mujer que continuamente es víctima de violación marital:

✔ Se desgasta emocionalmente; la violación le produce dolor y frustración.

✔ Se afecta su autoestima. Se siente sucia, usada y humillada.

✔ Puede desarrollar rechazo al acto sexual.

✔ Puede despreciar su cuerpo sintiéndolo como un objeto o una cosa.

✔ Afecta negativamente la relación de pareja.

Pautas para tu libertad

AUTOEVALUACIÓN

Responde con Sí o No.

Tu esposo o compañero:

Sí   No

☐ ☐   1. ¿Te fuerza a tener relaciones sexuales en contra de tu voluntad?

☐ ☐   2. ¿Te sientes forzada a participar en actos sexuales que no te agradan?

☐ ☐   3. ¿Se burla y critica tu comportamiento sexual?

☐ ☐   4. ¿Te obliga a tener relaciones sexuales cuando estás enferma o pone en peligro tu salud?

☐ ☐   5. ¿Te presiona a tener actos sexuales que te lastiman o producen dolor?

En tu infancia:

☐ ☐   6. ¿Tuviste experiencias traumáticas que te llevan a repetir inconscientemente el abuso sexual dentro del matrimonio?

Encuentra una salida

Aunque las leyes de muchos países no registren la violación sexual matrimonial como un delito, esta no es lícita desde ningún punto de vista. El matrimonio no da derecho al uso de la fuerza para llegar a la relación sexual. La esposa no es un objeto al que se le puede dar cualquier uso a voluntad del que se cree su dueño. Por lo tanto:

✔ No permitas que tu pareja abuse de ti. Exprésale asertivamente, es decir, con firmeza pero sin agresividad, los sentimientos negativos que generan en ti su comportamiento inadecuado.

✔ Ponte en el lugar de tu pareja para que comprendas los sentimientos que le generan tus actitudes y comportamientos sexuales.

✔ Es necesario que dialogues con tu pareja sobre las preferencias y necesidades mutuas.

✔ Desarrolla mecanismos que permitan establecer acuerdos basados en la expresión y el respeto mutuo.

✔ Reconoce que Dios hizo al hombre y a la mujer con la capacidad de disfrutar plenamente el placer físico basado en el amor y en la unidad espiritual.

¡Dios quiere ayudarte!

La mujer ya no tiene derecho sobre su propio cuerpo, sino su esposo. Tampoco el hombre tiene derecho sobre su propio cuerpo sino su esposa (1 Corintios 7:4).

Todas las instrucciones sobre las relaciones matrimoniales que presenta el apóstol Pablo en 1 Corintios 7 las dirige a los dos miembros de la pareja. Es interesante notar que, a pesar de que a Pablo se le acusa de machista, cuando habla de las relaciones sexuales en la pareja lo hace con reciprocidad, colocando al hombre y a la mujer en igualdad de condiciones, ambos coherederos de la gracia de Dios. Este planteamiento y el de Hebreos 13:4 descartan los argumentos machistas sobre la intimidad sexual.

Contrario al pensamiento patriarcal de la época, Pablo presenta con altura y de una manera adecuada la intimidad sexual en el matrimonio como una entrega recíproca, voluntaria y con mutuo consentimiento (1 Corintios 7:5). ¡Qué hermosa, agradable y plena es la intimidad sexual matrimonial cuando es motivada por el amor y la entrega mutuos!

✔ Mujer, tu cuerpo es lo más maravilloso que tienes, es templo del Espíritu Santo (1 Corintios 6:19, 20). Dios te ha bendecido con la sexualidad para que la vivas y disfrutes plenamente en común acuerdo con el hombre a quien amas y te ama.

✔ Hombre, experimentar el sexo solo por diversión es conformarse con lo mínimo. Dios te ha hecho con la capacidad de lograr pleno placer físico con un profundo significado personal y unidad espiritual. Esto se logra en el contexto de una relación de amor, entrega, responsabilidad y respeto mutuos.

Ten en cuenta que el acercamiento emocional es el que permite que en la relación sexual sean satisfechas otras necesidades además de las sexuales. El vínculo emocional que se establece en la relación de pareja supone un "lazo afectivo" que incluye preocupación mutua, responsabilidad, confianza y comunicación, así como intercambio de información sobre lo que es mutuamente satisfactorio.

Tercera parte

Liberemos a nuestros hijos de la violencia familiar

Niños maltratados

*J*oselito es un niño extremadamente delgado y con carita triste; muy introvertido y temeroso. Tiene 5 años y es llevado ocasionalmente por su abuela a la clase de niños en la iglesia. Cierto domingo llegó con un brazo enyesado y moretones en diferentes partes del cuerpo. Cuando la maestra preguntó qué le había pasado, la abuela explicó que había tenido un accidente pero que de ahora en adelante lo traería todos los domingos a la iglesia porque el niño iba a vivir con ella.

La maestra, que es una educadora profesional, al jugar con los niños sobre el tema de la familia y revisar los dibujos que ellos hicieron, sospechó que el niño era víctima de maltrato. Al investigar un poco más se dio cuenta de lo sucedido. El papá se avergonzaba de su hijo mayor porque tenía estrabismo en un ojo. Cierto día, al salir la mamá a trabajar, el papá que tiene 23 años y está estudiando en la universidad, se tuvo que quedar cuidando los niños porque la señora que acostumbra hacerlo no pudo llegar a tiempo. Mientras miraba el partido de fútbol por televisión, el bebé de 6 meses empezó a llorar a gritos y no conseguía callarlo de ninguna manera. Joselito, al tratar de callar a su hermanito, volcó la leche del biberón sobre el niño y la cama, en el mismo momento en que anunciaban un gol. El papá se enfureció, arrojó fuertemente a Joselito al piso y le dio puntapiés. Al hacerle radiografías en el hospital, además de la lesión en el brazo, encontraron evidencias de una fractura anterior. Eso indicaba que esta no era la primera vez que había sido maltratado.

UNA HISTORIA ESCALOFRIANTE

¡La historia de cómo los adultos han tratado a los niños tiene episodios realmente macabros! Hasta el siglo XVIII en casi todas las sociedades se encuentra un cuadro de indiferencia y maltrato hacia la niñez que hoy parece casi increíble. Los adultos pensaban que los hijos eran objetos de su propiedad y podían tratarlos de cualquier manera. Esto se evidencia en escritos como los del filósofo griego Platón quien dijo: "La justicia de un amo o de un padre es muy diferente a la de un ciudadano, porque un hijo o un esclavo son propiedad y no puede haber injusticia contra lo que es propiedad" (Citado por Martínez, *Abuso físico durante la niñez*. Revista interamericana de psicología y educación, vol. 4).

La ley romana le adjudicaba pleno poder al padre sobre el destino de su hijo: podía venderlo, matarlo u ofrecerlo en sacrificio. Prácticas como colocar los bebés en potes y tirarlos al río, o abandonarlos en carreteras desoladas eran relativamente comunes. Los niños que tenían más riesgos de ser maltratados eran: los hijos(as) ilegítimos, el menor entre los hijos en una familia numerosa, o los que nacían con un defecto congénito. Las leyes romanas prohibían la crianza de un niño con defectos o malformaciones.

En China, el límite de la familia eran tres hijos; para controlar el aumento de la población arrojaban el cuarto hijo a los animales salvajes. En la China de la actualidad, la ley solo les permite a las parejas tener un hijo. En la India, a los pequeños con defectos físicos se les consideraba instrumentos del diablo y por esta razón eran destrozados.

En Europa, durante la Edad Media algunos padres acostumbraban cortar una de las extremidades a sus hijos para enviarlos a pedir limosna. Durante la revolución industrial, a los niños de los estratos bajos los obligaban a trabajar en tareas pesadas; frecuentemente eran golpeados, no se les alimentaba adecuadamente y se les sumergía en barriles de agua fría como castigo por trabajar lentamente.

Aunque Platón creía que los padres eran dueños de los hijos, también enseñaba que los niños no debían ser tratados por la fuerza sino como si se estuviese jugando con ellos. A pesar de enseñanzas como esa, los castigos violentos eran parte del sistema de educación porque los padres, maestros y líderes religiosos pensaban que la única cura para la necedad que se alberga en el corazón del niño era la "represión con palo". De allí salió la conocida máxima: "La letra con sangre entra" que, aunque ha sido muy cuestionada y revaluada en las últimas décadas por un amplio sector de la sociedad, todavía es la manera de pensar, sentir y actuar de muchos padres y madres de hoy.

En los siglos XIX y XX la violencia física a los niños en el seno del hogar ha disminuido gradualmente pero no se ha erradicado. Aunque no tenemos estadísticas del siglo XXI, es alarmante el tipo de casos de maltrato que detectan cada día los maestros, trabajadores sociales, psicólogos y algunas entidades de gobierno.

Los pueblos que vivían alrededor de los hebreos también se caracterizaban por el maltrato a la niñez. En Tiro y Sidón sacrificaban a los niños porque los adultos creían que así calmaban la ira de los dioses. Los moabitas, amonitas y fenicios, adoraban al dios Moloc quien tenía entre sus manos una gran parrilla ardiente donde colocaban a los niños sacrificándolos para lograr así el favor y la benevolencia de su dios.

Entre el pueblo de Israel no prosperó la práctica de sacrificar a los niños. Solo encontramos en Jueces 11 el caso de Jefté, juez de Israel, quien repitió la costumbre pagana de ofrecer en holocausto a Dios la vida de la primera persona de su casa que saliera a recibirlo después de la victoria que esperaba tener al pelear contra los amonitas. Sacrificó así con gran dolor a su hija única. Jefté hizo esto, no por un mandato o requerimiento de Dios, sino por su creencia errónea de que Dios se agradaba con los sacrificios humanos. Esta era una creencia común entre los pueblos paganos pero totalmente en contra de los principios éticos revelados por Dios en el Antiguo Testamento.

A pesar de las prácticas inhumanas contra la niñez que caracterizaban a los pueblos alrededor de Israel, la Biblia señala que las familias hebreas tenían gran aprecio por sus hijos, a quienes consideraban bendición de Dios.

Los hijos son una herencia del Señor, los frutos del vientre son una recompensa (Salmo 127:3).

El Señor Jesucristo rompió con los paradigmas de su tiempo al manifestar su aprecio y gran valoración por la niñez cuando reaccionó indignado en contra de los prejuicios que llevaban a los discípulos a impedir que los niños se acercaran a él, con las inmortales palabras: "Dejen que los niños vengan a mí, y no se lo impidan, porque el reino de Dios es de quienes son como ellos" (Marcos 10:14). El alto concepto y valoración que el apóstol Pablo tenía en relación con los hijos se hace evidente en las instrucciones específicas que da a los padres sobre la manera adecuada de tratarlos: "Y ustedes padres, no hagan enojar a sus hijos, sino críenlos según la disciplina e instrucción del Señor" (Efesios 6:4).

Síndrome del niño maltratado

s probable que después de leer la historia del maltrato al que han sido sometidos los niños a través del tiempo, pensemos que el maltrato a la niñez es un asunto que ya se ha superado, pero no es así. Para nadie es un secreto que es precisamente en el núcleo familiar donde con mayor frecuencia se les humilla, menosprecia, ridiculiza y maltrata física y emocionalmente.

Tenemos que estar conscientes de que el abuso físico, sexual o emocional se presenta aun en los hogares cristianos. El hecho de pertenecer a una familia religiosa, aun evangélica, no es suficiente garantía para pensar que un niño está protegido de la violencia. La realidad es que el problema existe aunque no lo reconozcamos o tratemos de negarlo. Es precisamente nuestra negación y silencio lo que hace que crezca en proporciones alarmantes.

La iglesia de Cristo está llamada a ser una comunidad de orientación, apoyo y amor, a fin de que tanto el abusador como la víctima puedan ser restaurados.

En 1962, el pediatra Henry Kempe introdujo la expresión "Síndrome de niño maltratado" para referirse al uso de la fuerza física por parte de los padres para herir, lesionar, o destruir a un niño o niña (Kempe, R. S. y C. H., *Niños maltratados*. Madrid: Editorial Morate, 1982). Kempe descubrió que una de cada cuatro fracturas en menores de tres años se debía al maltrato físico. En niños mayores, las fracturas por violencia física se producían en una proporción del 15%. La violencia frecuentemente era empleada como castigo por parte de los padres para lograr que los hijos se comportaran de la manera como ellos esperaban. Con ese propósito utilizaban puños, empujones, arañazos, quemaduras, cortaduras y golpes con objetos sólidos.

Por lo general, cuando los padres se ven en la necesidad de informar sobre los hechos por la gravedad de los mismos, los reportan como accidentes ocasionados por caídas u otros traumas.

Pero el "Síndrome del niño maltratado" no se refiere solamente al trauma causado por el golpe físico. Se usa también para señalar "todos aquellos actos que, por acción u omisión, interfieren o alteran el desarrollo integral del niño y llegan o pueden llegar a poner en peligro su salud física, psicológica, social y sexual" (Vargas, Trujillo Elvia y Ramírez, h., Clemencia. *Maltrato infantil*. Santa Fe de Bogotá: Editorial Planeta, 1999).

Para hablar de maltrato al menor hay que tener en cuenta varios aspectos:

1. Que la conducta del agresor impida el desarrollo integral del niño. Entendemos por desarrollo integral del niño los cambios que se presentan a través del tiempo en todos los aspectos del ser humano, o sea, a nivel físico, psicológico, cognoscitivo y social.

2. Que los daños que se causan a través de comportamientos inadecuados no afectan a todos los niños de la misma manera. Lo que puede ser muy nocivo para un niño puede pasar casi inadvertido para otro.

3. Que el niño necesita que se le satisfagan sus necesidades básicas como alimentación, amor, vestido, vivienda, protección, educación, estimulación, corrección y conocimiento de Dios para lograr un desarrollo integral.

TIPOS DE MALTRATO

En casi todas las culturas del mundo los padres piensan que tienen la autoridad sobre los hijos por lo menos durante la infancia y la adolescencia. Esa autoridad se basa en la dependencia que todo niño tiene de sus padres o personas que lo cuidan, y en la responsabilidad que ellos tienen de protegerlo y educarlo.

Según Cloé Madanés "la autoridad es positiva cuando se ejerce para proteger, guiar, corregir, y es negativa cuando se utiliza para explotar, confundir, abusar, sobreproteger, sobrecontrolar e impedir el crecimiento" (Madanés, Cloé, *Terapia familiar estratégica*. Buenos Aires: Editorial Amorrurtu, 1982). Ante la incapacidad y desconocimiento que la mayoría de los padres presentan para comprender a sus hijos, educarlos, corregir sus errores y cumplir las expectativas que tienen hacia ellos, utilizan métodos que no contribuyen al bienestar integral del niño. Al contrario, los atropellan al descargarles el peso de su frustración e impotencia para hacerlos cumplir sus mandatos y —haciendo valer su superioridad— golpean, insultan, humillan y, algunas veces con ataques de ira incontenibles, les causan graves daños. Esto es lo que se conoce como la violencia hacia la niñez, manifestada en las diferentes formas de maltrato. Las que más se mencionan son el maltrato físico —el cual incluye la negligencia y el abandono—, el psicológico y el abuso sexual.

Aunque los comportamientos maltratantes se clasifiquen independiente el uno del otro, la realidad es que el niño que es víctima de cualquiera de los tipos de maltrato: físico, sexual, abandono o negligencia, está siendo maltratando psicológicamente.

Las causas del maltrato

Es extraño que sea precisamente el hogar el sitio donde los niños tienen mayor probabilidad de ser víctimas de los diferentes tipos de maltrato que hemos venido identificando. Se han realizado muchos estudios procurando identificar sus causas, y el resultado que se ha obtenido hasta el momento es que la violencia que se ejerce hacia los niños en el núcleo familiar no responde a una causa única. Más bien es un fenómeno multicausal, porque su ocurrencia se debe a una serie de factores que interactúan en un momento y contexto determinados. Se identifican:

✔ Factores asociados con la personalidad y comportamiento de los padres, ya sean estos padres biológicos o adoptantes.

✔ Factores asociados con características del niño.

✔ Factores propios de la relación de pareja.

✔ Factores del tipo de relación que los padres establecen con los hijos.

✔ Factores culturales, especialmente los determinados por el sistema de creencias que manejan los adultos en cuanto a la relación con sus hijos y los métodos para educarlos.

PERFIL DE LOS PADRES MALTRATANTES

Los padres que maltratan a sus hijos son seres humanos como cualquiera de nosotros que tienen en común algunas de las siguientes características:

Aspectos de personalidad

✔ Tienden a frustrarse fácilmente, a perder el control y reaccionar agresivamente cuando las cosas no les resultan como lo esperaban.

✔ Se les dificulta reconocer sus sentimientos, identificar sus necesidades y ponerse en el lugar de las otras personas.

✔ No han aprendido a resolver sus conflictos adecuadamente, experimentan altos niveles de ansiedad y tienen muy bajo nivel de tolerancia.

Ideas inadecuadas sobre el comportamiento de los niños

✔ Interpretan algunas conductas de los niños —como llorar insistentemente, despertarse varias veces en la noche, requerir alimentos cuando no se los están ofreciendo, no quedarse quietos, no seguir órdenes— como una demostración de que el niño(a) no los quiere.

✔ Asumen el rol de víctimas. Esto se hace evidente en expresiones como: "¿Por qué me hace esto?", "No es justo que se porte así", "Tanto que hago por él, y mire lo que me hace".

✔ Ante la frustración que les genera su falta de habilidad para manejar la situación tienden a perder el control y a reaccionar agresivamente.

Antecedentes de maltrato en su infancia

✔ La mayoría de los estudios demuestran que los adultos que maltratan a los niños por lo general fueron víctimas de rechazo, agresión física, verbal, humillación y descuido durante su infancia. Las experiencias que se viven en la infancia nos predisponen a actuar violentamente cuando nuestros hijos no responden a las expectativas que tenemos para con ellos; o sea que desde la infancia comenzamos a aprender las maneras que consideramos adecuadas en el trato con los hijos.

✔ El observar continuamente episodios de violencia entre los adultos y de éstos hacia los niños como método de resolución de conflictos es otro factor que predispone al maltrato.

✔ Es importante tener en cuenta que los factores mencionados nos ayudan a entender el porqué algunos padres maltratan a sus hijos, pero de ninguna manera lo justifica.

PERFIL DE LOS NIÑOS CON RIESGO DE MALTRATO

Aunque nos parezca muy extraño, y sobre todo inhumano e injusto, se ha encontrado que los niños que tienen las siguientes características presentan mayor riesgo de ser objeto de maltrato por parte de sus padres o cuidadores.

Pero es necesario recordar que las características del niño por sí solas no implican que va a ser maltratado. El riesgo se presenta cuando éstas confluyen con otros factores que tienen que ver con las características de los padres, de la relación de pareja, creencias, y otros aspectos.

Aspectos de salud: niños con ciertas características físicas

Los niños prematuros, enfermos, llorones, con retraso mental, deformidades físicas, que padecen enfermedades crónicas, hiperactividad, llanto chillón, que requieren más cuidados en los primeros meses de nacidos, y con hábitos alimenticios y de sueño disfuncionales, por lo general son más propensos a ser maltratados por sus padres o cuidadores.

Aspectos situacionales

✔ Niños no deseados: Los niños que son fruto de embarazos indeseados y que representan un obstáculo para el cumplimiento de las metas que tienen sus padres. También se presentan casos de niños a quienes sus padres tienden a sobreproteger, porque se sienten culpables de haberlos rechazado en o después de su gestación.

✔ Los niños que están pasando por períodos críticos en su desarrollo suelen presentar comportamientos difíciles. Es la etapa en que aprenden a controlar esfínteres, aprenden a caminar y a comer solos.

✔ La etapa de los 2 a los 3 años en los cuales la reafirmación del yo hace que el niño con frecuencia "haga pataletas", las cuales son interpretadas por los padres como rebeldía. Además, en muchas ocasiones se les castiga de una manera brutal, a pesar de que el niño no está en capacidad de comprender su propia conducta y no busca llevar la contraria sino manifestar su principio de independencia.

Demostraciones de afecto: niños inexpresivos

Los niños que no demuestran afecto a sus padres tienen mayor probabilidad de ser maltratados que los que son cariñosos y expresivos con ellos. Esto se debe a que muchos padres necesitan ser reafirmados a través de las expresiones de afecto de sus hijos.

Falta de características valoradas positivamente por los padres

Aunque parezca sorprendente, varios estudios realizados en diferentes partes del mundo han encontrado que los padres prefieren hijos que posean características atractivas para ellos como belleza, inteligencia, extroversión, espontaneidad, entusiasmo y otros. Además tienden a rechazar a aquellos hijos con características evaluadas como negativas.

CARACTERÍSTICAS DE LAS RELACIONES DE PAREJA ENTRE PADRES MALTRATANTES

Existen algunas características dentro de las relaciones conyugales que comúnmente están asociadas con el maltrato infantil. Al revisar las relaciones de pareja de los padres y/o madres que maltratan a sus hijos se han encontrado conflictos no resueltos. Por lo general, las parejas inconscientemente involucran a sus hijos en sus peleas de diferentes maneras.

Disfunción conyugal

En las familias maltratantes por lo general se observa una relación de pareja disfuncional. Los padres no solo se niegan el apoyo mutuo para resolver sus problemas sino que, ante la falta de habilidades para resolver los conflictos, éstos se convierten en una fuente de tensión adicional que los predispone a la agresión la cual la dirigen hacia los hijos (Pretel, P., *Manual de maltrato infantil*. Cali: Instituto María Gorette, 1990). Buscan maneras inadecuadas de resolverlos como:

- ✔ **La triangulación:** Uno o los dos padres busca la lealtad del hijo y lucha por ella, lo cual impide al niño acercarse al otro padre sin sentirse culpable.
- ✔ **La coalición estable:** En estos casos el hijo se alía con uno de los padres, por lo general con la madre. De esa manera el padre, que se siente excluido, lucha por ganarse el apoyo del hijo; al no conseguirlo se da por vencido, distanciándose del hijo y generando así relaciones tensionantes y agresivas.
- ✔ **La desviación de ataque:** En estos casos, ante la existencia de un constante conflicto conyugal, la pareja se une en contra del hijo, quien es definido como "malo" o el "problema de la familia". Esta dinámica se observa principalmente en hijos maltratados físicamente.
- ✔ **La desviación de apoyo:** Como en el caso anterior, los padres se unen para no reconocer sus diferencias mediante la sobreprotección al hijo, quien en este caso no es definido como el "malo" sino como el "débil" o "enfermo".
- ✔ A través de los cuatro aspectos mencionados se puede observar que hay una correlación directa entre la disfunción en la relación de pareja y el maltrato a los hijos, sea este físico o psicológico.

Edad

Por lo general, los padres maltratantes son, al momento de nacer el primer hijo, más jóvenes que los que no los maltratan. Así que los padres que tienen sus hijos siendo aún adolescentes, por lo general no están preparados para la paternidad, y el riesgo de que pierdan el control y los maltraten es mayor.

Matrimonios mixtos

En muchos casos el maltrato se origina en el "padrastro" o "madrastra" que no acepta al hijo(a) de su pareja y continuamente lo compara con sus propios hijos. En otros casos, el maltrato se utiliza como método para resolver pleitos y contiendas entre los hijos de cada miembro de la pareja que comparten la misma vivienda.

PADRES MALTRATANTES Y LA RELACIÓN CON SUS HIJOS

Vargas y Ramírez sostienen que los padres que llegan a tratar inadecuadamente a sus hijos han establecido con ellos una relación diferente de los que los tratan de manera adecuada (Vargas, T. Elvia y Ramírez, H., op. cit.). Las principales características de este tipo de relación son:

- ✔ El cuidado es mínimo, la satisfacción de las necesidades del niño no es adecuada y comparten pocas actividades de recreación y juego.
- ✔ No se dan cuenta de aspectos mínimos que el niño necesita para su bienestar.
- ✔ No cultivan la relación con sus hijos, no les conversan ni les ponen atención cuando ellos quieren comunicarles algo.
- ✔ Su relación se basa principalmente en castigos y reproches.
- ✔ Los critican frecuentemente por lo que son, se burlan de ellos y los golpean de manera severa.
- ✔ Utilizan el castigo físico y la amenaza como estrategias de control para lograr que los hijos les obedezcan en el cumplimiento de las normas.

✔ Tienen dificultad para usar el diálogo reflexivo para ayudar a sus hijos a establecer la relación entre su conducta y las consecuencias de ésta.

✔ Utilizan los mismos métodos de castigo independientemente del comportamiento que quieren corregir; o sea que ante cualquier situación reaccionan con gritos, golpes e insultos.

En estos casos la relación entre padre e hijo se torna negativa, porque en la medida en que el padre lo golpea el hijo responde con rebeldía y agresividad. Cada vez más se registran casos de adolescentes que maltratan a sus padres. En algunos países ya existen agrupaciones de padres golpeados por sus hijos.

Se advierte entonces que en las situaciones de maltrato a los hijos no se identifica una causa única. Más bien, ésta se puede explicar por la interacción, en un determinado momento y circunstancias, de varios factores como las características de los padres, las características de los niños, el tipo de relación que existe entre los padres, o entre uno de los padres y su compañero(a), y aspectos culturales como el sistema de creencias.

SISTEMA DE CREENCIAS DE LOS PADRES MALTRATANTES

Caso: Danielito el "rebelde"

Danielito, un niño de 9 años, llegó a la iglesia como de costumbre todos los domingos. Tenía sus piernas hinchadas, inflamadas y con las marcas de la hebilla de la correa utilizada por su papá para castigarle porque no había resuelto correctamente los problemas de matemáticas que le dejaron en el colegio; además de que le había pegado a su hermano que es un año menor que él.

Cuando el pastor habló con el padre sobre lo sucedido, éste le contestó:

Danielito es un muchacho malo, rebelde y agresivo. Estoy tratando de seguir la recomendación bíblica de corre-

girlo a tiempo para que llegue a ser alguien en el futuro. Hay que madrugar a usar la vara para que los hijos no se pierdan. Además, no se olvide, pastor, que más veces encontramos en la Biblia que hay que castigar a los hijos que amarlos".

En la mayoría de los casos, el maltrato de los padres hacia los hijos no se debe a la falta de amor. Precisamente muchos padres maltratan porque quieren a sus hijos y piensan que les hacen daño si les expresan el afecto abierta y espontáneamente. Tienen la idea de que cuando los hijos no cumplen con lo esperado deben golpearlos y castigarlos fuertemente, como lo hicieron con ellos en la infancia, para que lleguen a ser personas de bien.

El caso del padre de Danielito refleja tres ideas básicas que sostienen los padres que maltratan a sus hijos:

✔ Primera creencia errónea: El control y el castigo físico son indispensables porque los niños son malos y rebeldes por naturaleza

En mis talleres sobre relaciones padres e hijos, uno de los temas que genera más cuestionamientos y controversia es precisamente el cómo disciplinar a los hijos. Esto se debe a que hay básicamente dos posiciones opuestas sobre la naturaleza humana.

De un lado están los que consideran que el ser humano es intrínsecamente malo y necesita ser controlado, vigilado, castigado y presionado continuamente, a fin de obligarle a actuar adecuadamente.

Del otro lado están los que piensan que la naturaleza humana es básicamente buena, que con buen trato y buena educación, la bondad aflorará y saldrá a flote. Piensan, como Rousseau, que el niño nace bueno y es la sociedad la que lo corrompe.

¿QUÉ PASA CUANDO LA EDUCACIÓN DE LOS NIÑOS ESTÁ BASADA EN EL CONCEPTO DE QUE LOS NIÑOS SON POR NATURALEZA MALOS?

El resultado de la creencia de que los niños son por naturaleza malos y rebeldes, y por lo tanto necesitan ser domados a través del castigo físico y otras conductas que produzcan dolor, es un tipo de relación donde se abusa de la autoridad al pensar que la principal responsabilidad de los padres es hacer uso de la violencia como medio de educación y corrección.

En relación con esa idea Narramore señala cuatro peligros en los que se puede caer (Narramore, B., *Cómo criar a los hijos con amor y disciplina*. Barcelona: Editorial Clíe, 1980):

1. Algunos de los niños más traviesos son aquellos cuyos padres tratan de controlarlos por medio de la ira, el terror y la fuerza. Tan pronto como los padres no están presentes hacen de las suyas.

2. El autoritarismo, al apoyarse en el poder y el miedo como motivación, impide que el niño desarrolle un comportamiento motivado por el amor. No logra desarrollar sus valores internos. Se amolda, no porque sea bueno para él o para otros, sino porque tiene miedo de obrar de otra manera.

3. El autoritarismo obstaculiza el crecimiento psicológico y fomenta la dependencia e inmadurez. Si los niños no se rebelan contra el control rígido, seguirán a ciegas los deseos de sus padres y de otros, mientras que al mismo tiempo van a perder su propia individualidad, espontaneidad y flexibilidad. Como no aprenden a hacer frente a las situaciones que se les presentan haciendo uso de sus propios recursos, llegan a la edad adulta sin haber adquirido la seguridad en sí mismos y la habilidad para tomar sus propias decisiones independientes de la voluntad de sus padres.

4. El modelo de educación basado en el autoritarismo ejercido por los padres produce un efecto negativo sobre la autoestima del niño. El hecho de que el niño se considere malo en la etapa cuando está formando su identidad lo lleva a comportarse de acuerdo con la imagen que está formando de sí mismo. Esto puede afectar su sentido de respeto a sí mismo y su valor personal. Si cree que es un niño malo, se va a comportar como un niño malo.

¿QUÉ PASA CUANDO LA EDUCACIÓN ESTÁ BASADA EN EL CONCEPTO DE QUE LOS NIÑOS SON POR NATURALEZA BUENOS Y NO NECESITAN EL CONTROL Y LA DIRECCIÓN DE LOS PADRES?

Este concepto, por lo general, lleva a un modelo demasiado permisivo con los siguientes peligros:

1. La falta de disciplina en el momento adecuado puede conducir a los niños a comportamientos que, más adelante, tanto ellos como sus padres van a lamentar.

2. Si los padres no disciplinan al hijo en la infancia, es difícil que más tarde aprendan a respetar la autoridad.

3. Si los hijos no aprenden a controlar sus impulsos y respetar la autoridad durante la niñez, es muy difícil que lo aprendan después.

4. Se han realizado muchos estudios que demuestran que la falta de autoridad y límites adecuados afectan la autoestima del niño, ya que éstos necesitan normas claras y consistentes para sentirse seguros y amados.

¿QUÉ PASA CUANDO EDUCAMOS BAJO EL CONCEPTO BÍBLICO DE QUE LOS NIÑOS SON SERES HUMANOS CREADOS A IMAGEN Y SEMEJANZA DE DIOS?

Los que justifican el maltrato al menor como sistema educativo basados en la idea de que los niños son malos y rebeldes por naturaleza, también deben recordar que el niño es un ser humano hecho a la imagen y semejanza de Dios. Es bien sabido que no nos parecemos físicamente a Dios, pero sí en sus atributos mentales, morales y sociales.

El ser hechos a la imagen de Dios nos garantiza el valor que tenemos como personas, la potencialidad que tenemos de desarrollar las cualidades que él ha puesto en nosotros, y el sentido de identidad que nos da derechos y nos hace acreedores de amor, consideración y respeto.

Tampoco podemos desconocer que, aunque fuimos hechos a imagen de Dios, esa imagen fue distorsionada por el pecado afectando así nuestra relación con el Creador, lo cual ha traído consecuencias negativas en todos los aspectos de nuestra vida: físico, emocional, moral, social e intelectual.

Es necesario que revisemos el concepto que tenemos de la naturaleza humana, porque este concepto influirá en el modelo de educación que adoptemos hacia nuestros hijos. Es probable que los padres que se inclinan por el maltrato como método de disciplina de los hijos encuentren justificación en la pecaminosidad, sin recordar que también son poseedores de la imagen de Dios.

✔ Segunda creencia errónea: El castigo físico es el método por excelencia para educar a los hijos

Este es un concepto bastante generalizado entre el pueblo evangélico, debido a la interpretación literal que se hace de algunos textos del libro de Proverbios.

Larry Christenson sostiene con mucha fuerza que el castigo físico es la primera medida de corrección que se debe utilizar para educar a los hijos y no el último recurso (Christenson, L., *La familia cristiana*. Puerto Rico: Editorial Betania, 1970). Usa ejemplos como: "El valor de la terapia del azote, para echar a palmadas al diablo de la naturaleza del niño". Se identifica con expresiones como: "Es tiempo para un avivamiento de la terapia del azote".

Sostiene también dicho autor que la vara es el medio de disciplina designado por Dios, tomando aisladamente textos como Proverbios 23:13, 14.

Es importante reconocer que la Biblia da mucha importancia a la responsabilidad que tienen los padres de educar y disciplinar a los hijos, pero esta disciplina no debe hacerse solamente mediante el castigo físico sino por medio del amor, la comunicación, la reflexión, la comprensión y, sobre todo, por el ejemplo. Los padres necesitan estar plenamente conscientes de la responsabilidad que tienen de disciplinar a sus hijos con seguridad, firmeza, justicia y amor. La disciplina que se plantea en estas condiciones va a producir acercamiento y confianza entre los hijos y los padres, como también, seguridad y respeto mutuo. Entonces la vara no es ni el primero ni el último recurso para disciplinar a los hijos. El uso indiscriminado de ella evidencia más bien la pobreza de alternativas que tienen los padres cuando de educar, corregir y disciplinar a los hijos se trata.

✔ Tercera creencia errónea: Pensar que castigar y disciplinar son lo mismo

La tercera idea errónea —que es parte del repertorio de creencias de los padres que utilizan el maltrato para educar a sus hijos— es pensar que castigo y disciplina son lo mismo, pero no es así.

En el lenguaje popular cuando se habla de disciplina, inmediatamente se piensa en castigo por mal comportamiento, pero en la Biblia los dos términos tienen un significado diferente, aunque en algunas ocasiones es complementario.

¿Qué es disciplina? La palabra disciplina viene de un término latino que quiere decir instruir o más bien educar. La disciplina, entonces, abarca la totalidad del proceso de formación del carácter mediante la formulación de buenos hábitos y la erradicación de hábitos inadecuados, o sea que la disciplina es el proceso total de instrucción y corrección de los niños. El castigo, en cambio, se relaciona con justicia, es decir "saldar cuentas", pagar por un comportamiento inadecuado.

Para distinguir si estamos castigando o, por el contrario, disciplinando a nuestros hijos, tenemos que preguntarnos cuál es el motivo de nuestra acción. El acto de quitar un privilegio al hijo puede ser castigo o disciplina. Si el hijo se comportó mal y le quitamos el privilegio con ira porque no nos obedeció, o porque nos hizo quedar mal delante de nuestros amigos, lo estamos castigando. Nuestro motivo aquí es la ira, y nuestro propósito es hacerle sufrir por lo que hizo. Pero si, ante el mismo comportamiento, le quitamos el privilegio con amor a fin de que entienda que lo que hizo no le conviene y que procure ser más cuidadoso en el futuro, lo estamos disciplinando.

Si queremos adquirir la sabiduría de Dios para aplicar disciplina a nuestros hijos, tenemos que empezar por admitir que muchas veces lo que nos impulsa a castigarlos no es su beneficio, sino más bien vengarnos porque no se han comportado como lo esperábamos.

La forma como reacciona el niño es otro indicador para saber si estamos castigando o disciplinando. El resultado del castigo es temor, hostilidad y resentimiento. La disciplina, en cambio, trae seguridad y respeto aunque en el primer momento puede ser desagradable.

En el caso de Danielito, que vimos al inicio de este capítulo, se reflejan las tres ideas erróneas que hemos señalado:

1. El padre pensaba que era un niño malo y rebelde.

2. Pensaba que la vara o el azote es el mejor método de disciplina.

3. Confundía castigo con disciplina.

El modificar estas ideas sobre la educación de los hijos nos puede llevar a tener una posición bíblica sana y equilibrada sobre los métodos más adecuados a utilizar. También nos libra de caer en los extremos del autoritarismo rígido, basados en el control y en el abuso del poder —como en el caso de Danielito— o en la permisividad excesiva que rechaza algunos de los elementos básicos de la disciplina como son las normas y los límites claros. Los padres, como representantes de Dios ante nuestros hijos, tenemos la responsabilidad de criarlos "según la disciplina y amonestación del Señor" (Efesios 6:4).

Pautas para tu libertad

AUTOEVALUACIÓN

1. Intenta describir a tu papá y tu mamá, utilizando tres o cuatro palabras:
   Mi papá era/es _____
   Mi mamá era/es _____

2. ¿Cómo describirías la relación de tus padres como pareja?
   _____

3. ¿Cómo crees que se sintieron tus padres con motivo de tu nacimiento? _____

4. ¿Cuál es el recuerdo más feliz que tienes de cuando eras niño(a)? _____
   _____

5. ¿Qué tipo de sentimientos asocias con ese recuerdo?
   _____

6. ¿Cuál es el recuerdo más doloroso que tienes de cuando eras niño(a)? _____
   _____

7. ¿Qué tipo de sentimientos asocias con ese recuerdo?
   _____

8. ¿Cómo te castigaban cuando eras niño(a)? _____
   _____

9. ¿Quién o quienes te castigaban? _____
   _____

10. ¿Cómo te sentías cuando te castigaban? _____
    _____

11. ¿Cuáles castigos calificarías como maltrato? _____
    _____

12. ¿Cómo crees que tu experiencia pasada ha influido en tu desempeño como padre y/o madre? _____
    _____

¿Te resultó más fácil recordar las experiencias desagradables y dolorosas que las agradables? Esto le sucede a muchas personas. Esto nos ayuda a entender cuán frágiles son los niños y que fácil es herirlos y afectar sus vidas, aun sin proponérnoslo.

Encuentra una salida

✔ Empieza por identificar los errores que estás cometiendo en el trato con tus hijos.

✔ Reconoce las limitaciones que tienes cuando de educar a los hijos se trata. Disponte a aprender nuevas maneras de educarlos; conversa con personas que puedan ayudarte.

✔ Ama a tu hijo y acéptalo con las características físicas, emocionales e intelectuales que Dios le dio.

✔ Disponte a respetar a tus hijos y ponerte en el lugar de ellos.

✔ Recuerda que tienes la responsabilidad de disciplinar a tu hijo con amor y firmeza, y que esto da mejores resultados que maltratarlo.

✔ No permitas que los conflictos de tu relación de pareja repercutan negativamente en los niños.

¡Dios quiere ayudarte!

Este es un momento para que te apropies de la promesa que encontramos en Jeremías 33:6 y permitas al Espíritu de Dios que te sane de las experiencias negativas de la infancia y te de su paz y seguridad.

Sin embargo, les daré salud y los curaré; los sanaré y haré que disfruten de abundante paz y seguridad (Jeremías 33:6).

Dios quiere sanarte de situaciones y experiencias vividas en la infancia. La relación que tuviste con tu padre, madre, o persona que estuvo a tu cuidado, consciente o inconscientemente, afecta la manera como te relacionas con tus hijos, pero esto no tiene que seguir siendo así.

Cómo liberar a los niños del maltrato físico

El maltrato físico es una de las formas de violencia que se presenta con mayor frecuencia. Se caracteriza por el uso de la fuerza corporal en forma no accidental, y provoca en los niños o los pone en riesgo de padecer daño físico o enfermedad.

Bajo la categoría de maltrato físico se clasifican todas aquellas acciones que provocan en el cuerpo del niño lesiones, como hematomas, quemaduras, fracturas, heridas, mordeduras, asfixias, y en algunas ocasiones la muerte. Se presenta con mayor frecuencia en los niños menores de tres años y más en los niños que en las niñas.

Otras formas de maltrato que se pueden clasificar, tanto en la categoría de maltrato físico como psicológico y de la cual son víctimas los niños, son el abandono y la negligencia.

INDICADORES DE MALTRATO FÍSICO EN LOS NIÑOS

Los adultos tenemos la responsabilidad de proteger a los niños. Por esta razón es importante adquirir algunos elementos que nos ayuden a sospechar cuándo un niño es víctima de maltrato físico. En los casos cuando no existe una relación directa entre la historia que cuentan los padres y los indicadores que a simple vista se observan en los niños, se sospecha que la lesión no es accidental sino, probablemente, el resultado de maltrato. Los médicos y otras personas que se han dedicado a estudiar este tema, han identificado varias señales que nos ayudan a sospechar maltrato físico. A continuación se presentan algunas de las señales más comunes presentadas por Pretel (Pretel, P., "Bravo maltrato infantil". Revista *Colombia médica,* vol. 22, suplemento 1991).

✔ Niños que en repetidas ocasiones son hospitalizados o llevados a consulta médica "por accidentes".

✔ Hematomas o contusiones en diferentes estadios de cicatrización, marcas y señales de golpes en la cara, labios, nariz, brazos, piernas, tronco y glúteos. Golpes en los dos ojos o en las dos mejillas.

✔ Cicatrices que reflejan los objetos con los que fueron golpeados, como señales de látigo, correas, hebillas, cables y otros.

✔ Laceraciones en la nariz, labios, encías, ojos, genitales externos.

✔ Cicatrices o quemaduras con cigarrillo y/o planchas eléctricas, especialmente en las palmas de las manos o en los pies.

✔ Cicatrices o marcas de lazos o sogas en las muñecas y en los tobillos.

✔ Fracturas de huesos de la nariz, maxilares y cráneo en bebés menores de un año.

✔ Hemorragia en la retina.

✔ Fracturas nasales, dentales, desviaciones de tabique.

✔ Dislocación de codo o de hombro.

✔ Ojos amoratados.

IMPLICACIONES DEL MALTRATO FÍSICO EN LOS NIÑOS

Las consecuencias más evidentes del maltrato físico son las lesiones en diferentes partes del cuerpo que ya hemos mencionado, las cuales pueden afectar la salud del niño a corto, mediano y largo plazo. Además, en algunos casos, el maltrato físico puede ocasionar daño neurológico manifestado en retraso en el desarrollo motriz, como en el caso de los bebés que no gatean, caminan, ni presentan los comportamientos esperados para su edad. Pero es necesario tener en cuenta que en algunos casos el retraso en el desarrollo del niño no es consecuencia de un daño neurológico sino de la falta de estimulación o de la sobreprotección que nos les permite tener experiencias que faciliten su desarrollo integral.

La perpetuación del maltrato es otra de las consecuencias de haberlo recibido en la infancia, porque al llegar a ser padres tienden a repetirlo en sus hijos, siguiendo el modelo que ellos tuvieron y tomándolos como objeto de descarga de sus hostilidades y frustraciones.

Por lo general, los niños maltratados hacen difícil el trato amoroso que necesitan. Algunos llegan a desarrollar odio hacia sus progenitores y presentan mucha agresividad hacia otros niños. Problemas asociados con el sueño, como pesadillas e insomnio, también pueden ser consecuencia del maltrato físico.

La mayoría de las consecuencias del maltrato físico son de orden psicológico, por lo tanto las veremos en el capítulo siguiente.

Pautas para tu libertad

AUTOEVALUACIÓN

1. De las siguientes características, ¿cuáles son las que mejor describen a tu hijo?

☐ Grosero   ☐ Poco inteligente   ☐ Desobediente
☐ Distraído   ☐ Llorón   ☐ Agresivo
☐ Rebelde   ☐ Desordenado   ☐ Callado
☐ Gritón   ☐ Inquieto   ☐ Débil
☐ Triste   ☐ Miedoso   ☐ Tímido

Responde con Sí o No.

Sí   No

☐ ☐   2. Pienso que cuando era niña me castigaban fuertemente porque me lo merecía.

☐ ☐   3. Pienso que golpear con vara es el método más adecuado para educar a los hijos.

☐ ☐   4. Cuando mis hijos no actúan como yo espero, la mayoría de las veces me enojo tanto que no puedo controlarme.

☐ ☐   5. Cuando mi hijo comete una falta pienso que no me considera y que lo hace por molestarme.

☐ ☐   6. Pienso que castigar y disciplinar es lo mismo.

7. Cuando mi hijo comete una falta:

☐ ☐   Le pego fuertemente.

☐ ☐   Le grito.

☐ ☐   Lo ignoro.

☐ ☐   Lo amenazo, insulto, humillo.

☐ ☐   Lo encierro o aislo por tiempo indefinido.

☐ ☐   Dejo de hablarle por varias horas o días.

Si no te sientes a gusto con tres o más de las características de tu hijo que señalaste en la primera pregunta y marcaste con Sí las preguntas de la 2 a la 6, estás en alto riesgo de maltratar a tu hijo.

Si marcaste con Sí uno o varios de los asuntos de la pregunta 7, estás maltratando a tu hijo. Te conviene reflexionar detenidamente sobre las consecuencias del maltrato físico y psicológico que encuentras en este libro, y decidirte a buscar la ayuda de Dios y de personas idóneas que puedan apoyarte para cambiar este comportamiento.

Encuentra una salida

Si tú eres la persona que está maltratando:
- ✔ Empieza por reconocer tu error; este es el primer paso para cambiar.
- ✔ Identifica qué tipo de maltrato estás ocasionando: físico o psicológico, y sus posibles consecuencias.
- ✔ Cuando estés muy enojada(o) procura calmarte antes de decidir la forma como vas a disciplinar a tu hijo.
- ✔ Pregúntate cuál es el motivo que te impulsa a castigar a tu hijo: la rabia y el deseo de venganza por el acto cometido, o una intención claramente definida de educarlo.
- ✔ Decídete a aprender otros medios más adecuados y que dan mejores resultados para educar a tus hijos.

Si tu pareja u otro miembro de la familia es el que maltrata:
- ✔ Reconoce que tu hijo es indefenso y que los adultos son las personas responsables de protegerlos.
- ✔ Revisa los indicadores de maltrato físico que aparecen en este libro para que sospeches cuando tu hijo está siendo maltratado.
- ✔ Procura alejar al niño(a) de la persona que lo maltrata.
- ✔ Busca tratamiento médico y/o psicológico cuando sea necesario.
- ✔ Habla con la persona maltratante para que cambie su comportamiento y si tu hijo esta en peligro, denuncia el caso ante las autoridades.

✔ Ora buscando la dirección de Dios para cuidar responsablemente a tu hijo.

¡Dios quiere ayudarte!

Permite que el Espíritu de Dios ilumine tu mente y toque tus sentimientos. Examina el trato que das a tus hijos a la luz de 1 Juan 1:9:

✔ ¿Qué necesitas confesar a Dios? _____

_____

_____

✔ ¿Quieres pedir perdón a Dios y a tus hijos por ese comportamiento? _____

✔ ¿Cuál es la promesa que encuentras en este versículo?

_____

_____

_____

✔ ¿Qué tienes que hacer para apropiarte de esta promesa?

_____

_____

✔ ¿Cómo serían las relaciones con tus hijos si permites al Señor cambiar tu comportamiento?

_____

_____

_____

_____

_____

Dirige una oración muy sentida al Señor pidiendo su ayuda y dirección en este aspecto.

Cómo liberar a los niños del maltrato psicológico

L a violencia psicológica es la forma de maltrato más frecuente y destructiva y, a la vez, la más difícil de detectar. Es el resultado de aquellos actos sutiles o bruscos, ya sea por omisión o comisión, experimentados por el niño, que se manifiestan en patrones de comportamiento inapropiado.

El maltrato psicológico ocurre cuando los adultos no proveen la estimulación, motivación y protección que el niño necesita en sus diversas etapas de desarrollo; o sea, cuando no se le satisfacen sus necesidades básicas, no se le establecen los límites para socializarse adecuadamente y, aun cuando se le sobreprotege, obstaculizando así su desarrollo integral. Según Rosenthal, (Rosenthal, *"Psycological Modeling Theory and Practice"*. En S. L. Garfield y A. G. Bergen, eds., *Handbook of Psychoterapy and Behavior Change*. New York: Wiley, 1978) el maltrato psicológico puede expresarse en las siguientes formas:

Rechazo

Se manifiesta en comportamientos que comunican abandono como no tocarlo, no demostrarle afecto, excluirlo de actividades familiares, ponerle apodos que conducen a que el niño se subvalore —como "bobo" o "tonto"—, tratar al adolescente como si fuera un niño, ridiculizarlo, humillarlo, criticarlo excesivamente, y aun echarlo de la casa.

Atemorizar

Amenazar continuamente al niño con castigos siniestros y extremos que le generan temor y ansiedad, y le impiden desarrollar sentimientos de confianza y seguridad en sí mismo. Crear expectativas inalcanzables y castigar al niño por no alcanzarlas. Amenazar al niño con ridiculizarlo públicamente por comportamientos embarazosos como orinarse en la cama.

Aislamiento

Impedir que el niño tenga experiencias sociales con miembros de la familia o fuera de ella, como prohibirle tener amigos y hacerle creer que está solo en el mundo. Dejar desatendido al niño por períodos largos, retirarle del colegio para que se dedique a cumplir con otras tareas de la casa. En los casos de separación en la pareja, impedir al niño el contacto con el padre o madre que no tiene su custodia.

Ignorar

Se da en los casos cuando los padres son psicológicamente inalcanzables para el niño, o sea que están tan preocupados de sí mismos que no responden a los comportamientos del menor. Se presenta de maneras pasivas como no mirar ni hablar al niño, no llamarlo por su nombre, no responder a sus verbalizaciones, no protegerlo cuando necesita ayuda; como también rehusar discutir con el adolescente sus actividades o intereses.

Corromper

Reforzar comportamientos antisociales en los niños, especialmente conductas agresivas, sexualidad y abuso de substancias psicoactivas. Padres que inducen a los niños a la pornografía y a tener experiencias sexuales precoces; cuando se le recompensa o felicita por involucrarse en asaltos, robos, tráfico de drogas, abuso de alcohol y otros actos delictivos.

INDICADORES DE MALTRATO PSICOLÓGICO EN LOS NIÑOS

El maltrato psicológico y emocional requiere un diagnóstico por parte del especialista. Sin embargo, es importante tener en cuenta los siguientes indicadores y explorarlos cuando se observan en niños y niñas (*Manual para la detección de casos de maltrato a la niñez*. Bogotá: Save the Children, 1994).

✔ Angustia marcada ante el llanto de otros niños.
✔ Agresividad y negativismo.
✔ Miedo de ir a casa o a la escuela.
✔ Miedo a los padres o a los adultos.
✔ Demasiada movilidad.
✔ Excesiva quietud.
✔ Hábitos desordenados.
✔ Tartamudeo.
✔ Comerse las uñas.
✔ Tics.
✔ Miedos o fobias.
✔ Falta de actividad exploratoria.
✔ Rechazo a recibir ayuda.
✔ Intentos de suicidio.

IMPLICACIONES DEL MALTRATO PSICOLÓGICO EN LOS NIÑOS

El maltrato físico, verbal, por abandono, negligencia y/o cualquiera otra de sus formas, afecta psicológicamente al niño especialmente en el área de su autoestima. La baja autoestima le impide desarrollar un concepto adecuado de sí mismo, le hace sentir que es inferior a los demás, lo lleva a confiar poco en sus capacidades y a no experimentar la sensación de ser amado. No se siente útil y necesario.

Recibir expresiones de afecto es una de las necesidades básicas que todo niño necesita satisfacer para lograr su desarrollo integral. Spitz evaluó el comportamiento de 91 niños quienes habían sido amamantados por sus madres hasta los tres meses de edad. Cuando fueron separados de ellas para llevarlos a un orfanato donde cada 10 niños eran cuidados por una señora, por lo que cada niño recibía la décima parte de la atención, Spitz encontró que presentaron atraso en sus movimientos, pasividad, rostro sin expresión y, finalmente, 37 de estos niños murieron. Es importante aclarar que los niños tuvieron todos los cuidados físicos, como alimento, vestido, medicina y otros; lo único que les faltó fue la presencia afectuosa de la madre.

Según Kempe, los niños que han sido sometidos a maltrato psicológico generan rasgos de conducta antagónicos; unos llegan a ser altamente agresivos, y otros completamente resignados y pasivos (Kempe y Kempe, citados por Rodríguez y Torres, 1985). Estos últimos son notablemente sensibles a la crítica y al rechazo, se muestran sumisos, pasivos y excesivamente obedientes, aceptando sin cuestionar todo lo que suceda, y se sienten incapaces de tomar decisiones. Se comportan de manera tímida y hostil, no establecen contacto visual con las personas con quienes interactúan, tienen dificultades para establecer amistades por el miedo de confiar en los demás, y cuando lo logran, las dejan al más leve signo de rechazo.

Por su parte, los altamente agresivos, quienes representan una cuarta parte de los niños maltratados, son niños difíciles de manejar, no escuchan advertencias, razonamientos, ni correcciones, se sienten muy poco satisfechos de sí mismos, piensan que son malos, antipáticos y estúpidos, y tienen dificultades para relacionarse con otros niños. Constantemente están atacando a otros; unas veces se muestran cariñosos y dóciles, y otras impulsivos y destructivos.

En general, los niños maltratados tienen gran dificultad para reconocer sus sentimientos y para hablar de sí mismos; son inestables y perciben el mundo de manera negativa.

Otras consecuencias psicológicas del maltrato son enfermedades psicosomáticas como colitis ulcerosa, úlceras gastroduodenales, procesos asmáticos y lesiones cerebrales secundarias.

Los niños que han sido víctima de abandono y negligencia tienen dificultades para relacionarse con otros, tienden a aislarse de sus compañeros en el colegio, se muestran desorganizados y algunas veces agresivos, y con dificultades para seguir normas e instrucciones. También tienen mayor riesgo de ser abusados sexualmente por la falta de apoyo que tienen.

También se asocia el maltrato psicológico con problemas en el desarrollo sexual del niño, manifestados en actitudes como no sentirse satisfechos con su rol de hombre o mujer, desagrado por la apariencia de sus genitales, dificultad para explorar su cuerpo y para satisfacer su curiosidad en aspectos sexuales haciendo preguntas a sus padres y/o personas de confianza.

Se ha encontrado que los niños que son víctimas de abandono y negligencia son más propensos a masturbarse de una manera repetitiva y compulsiva, ya que al carecer de las expresiones físicas de afecto por parte de sus padres, tienden a compensar su necesidad afectiva y baja autoestima de esta manera.

¡VALÓRATE, ERES HIJO(A) DE DIOS!

Aunque no lo recuerdes, probablemente fuiste objeto de maltrato psicológico en la infancia y esa circunstancia ha determinado el bajo concepto que tienes de ti. Pero, ¿has pensando en cuán valioso(a) eres para Dios? Reflexiona sobre tu dignidad y valor como ser humano considerando estos tres aspectos básicos:

1. Dios no solamente te creó sino que te hizo a su imagen y semejanza (Génesis 1:27).

2. Jesucristo consideró que vales tanto que estuvo dispuesto a entregar su vida en la cruz del Calvario para salvarte.

3. Al volver Jesús a la eternidad, no te dejó solo. Dios envió a su Espíritu Santo para acompañarte, instruirte, ayudarte y consolarte en todo momento.

La verdadera autoestima se basa en un sentido realista de uno mismo. No se trata de inflar el ego y de creernos más de lo que somos; pero tampoco de alardear de una falsa humildad que nos lleve a desconocer nuestros méritos, o a asignarnos habilidades o destrezas que no poseemos. Es, más bien, reconocer los dones que Dios nos ha dado y los méritos que hemos ido logrando.

Es importante que reconozcamos nuestra dignidad de origen

y de destino, pero también nuestros límites y vacíos, sin desconocer que somos pecadores, pero redimidos por la sangre de Cristo.

La verdadera autoestima es lo que nos lleva a respetarnos y a respetar a los demás; a vivir según el "Gran Mandamiento" que el Señor Jesucristo nos dejó: *Ama a tu prójimo como a ti mismo* (Marcos 12:31).

Pautas para tu libertad

AUTOEVALUACIÓN

Responde con Sí o No.

Sí   No

☐ ☐   1. Cuando mi hijo comete una falta, frecuentemente le grito e insulto.

☐ ☐   2. Cuando las cosas no salen bien, por lo general me enojo y pierdo el control.

☐ ☐   3. Algunas veces mis hijos consideran que soy de mal genio.

☐ ☐   4. Se me dificulta abrazar y acariciar a mis hijos; solo podía hacerlo cuando eran bebés.

☐ ☐   5. Aunque quiero a mis hijos, se me dificulta expresarles mi afecto con expresiones como "te quiero"; "eres importante para mí".

☐ ☐   6. Cuando mi hijo comete una falta, tiene miedo de comentarme lo sucedido.

☐ ☐   7. Cuando pienso en algunas cosas que les he dicho a mis hijos cuando estoy enojado(a), me siento avergonzado(a) y culpable.

☐ ☐   8. Cuando tengo dificultades económicas, laborales o con mi pareja, me pongo irritable y tiendo a gritar a mis hijos.

A mayor número de respuestas afirmativas, mayor es el riesgo de que estás maltratando a tus hijos.

Necesitas reconocer tu error, reflexionar sobre las consecuencias de tu conducta en la vida de tus hijos, buscar una persona confiable con quien hablar sobre este asunto y buscar la dirección y ayuda del Señor.

Encuentra una salida

- ✔ Expresa a tu hijo palabras de reconocimiento y afirmación.
- ✔ Permítele participar en algunas decisiones familiares, esto levantará su autoestima.
- ✔ Asegúrale que él es importante para ti.
- ✔ Demuéstrale tu afecto a través de mensajes cariñosos y caricias.
- ✔ Habla con tus hijos para llegar a acuerdos mutuos.
- ✔ Llámale la atención a tu hijo cuando sea necesario sin herir su dignidad.
- ✔ Exprésale tu enojo de maneras no violentas.
- ✔ Permítele lograr la independencia adecuada para su edad, sin fomentar el libertinaje.
- ✔ Preséntale disculpas cuando le regañas o castigas injustamente.
- ✔ Ora para que el Señor le provea situaciones de restauración.

¡Dios quiere ayudarte!

El Espíritu del Señor está sobre mí, por cuanto me ha ungido para anunciar buenas nuevas a los pobres. Me ha enviado a proclamar libertad a los cautivos y dar vista a los ciegos, a poner en libertad a los oprimidos (Lucas 4:18).

Probablemente fuiste víctima de maltrato en la infancia y, sin darte cuenta, estás haciendo lo mismo con tus hijos. Dios quiere liberarte de esa esclavitud.

Tus hijos pueden ser los quebrantados de corazón que están cautivos por la profanación de sus emociones.

1. Escribe cuál es la promesa que Dios tiene para ellos.

   _____

   _____

2. ¿Qué tiene que suceder en tu vida para que puedas dar a tus hijos el trato adecuado?_____

   _____

3. ¿Crees que Dios puede usar a personas idóneas para ayudarte a salir de esa esclavitud?_____

   _____

4. Escribe el nombre de la persona o recurso que buscarás para ayudarte a salir de esta situación._____

   _____

5. Jesús está dispuesto a sanarte. Sin embargo, esa sanidad depende de ti. ¿Estás dispuesto(a) a permitirle entrar en tu vida y comenzar el proceso de sanidad? _____

   _____

Cómo liberar a los niños del abuso sexual

El secreto de Elisabet

Josefina y Miguel tienen tres hijos: Elisabet de 8 años, Julio de 4 y Mariana de 2. Los padres salen muy temprano de casa para atender su almacén y regresan en la noche. La madre de Miguel, que vive muy cerca de la casa de ellos, junto con Antonio, el hijo menor que tiene 19 años, se encargan de cuidar a los niños cuando regresan de la escuela. Antes de salir, los padres les recuerdan que deben ser muy obedientes a lo que la abuela y Antonio les digan.

La esposa del pastor, que era la maestra de Elisabet en la clase de la Escuela Dominical en la iglesia donde asistían, llamó a los padres de la niña para comentarles que había notado algunos cambios en su comportamiento; ella no estaba participando en las actividades, no se concentraba como antes en las clases, no jugaba con sus compañeros, y permanecía callada y alejada de todos.

Los padres comentaron que ellos también habían notado algunos cambios: Elisabet no hablaba con ellos, su apetito había disminuido, y se despertaba gritando en las noches. Decidieron entonces averiguar lo que le ocurría.

Antes de dormirse la niña, la mamá fue a su cuarto; con

mucho cariño le comentó lo que había estado hablando con la maestra y le preguntó:

—¿Hay algo que te está molestando y no nos has contado? ¿Estás enferma? ¿Alguien te está haciendo daño? Estamos muy preocupados; tú sabes que papá y mamá te queremos mucho y nos preocupa verte así.

Las lágrimas empezaron a rodar por la carita de Elisabet y la mamá notó que estaba temblando de miedo; entonces la abrazó y le dijo:

—No tengas miedo, mi amor. Cuéntame que es lo que te está pasando, para ver cómo podemos ayudarte. Confía en mí, nada te va a pasar.

Con lágrimas en los ojos Elisabet comenzó a decir:

—Es que Antonio... Es que Antonio... —y se calló, porque temía la reacción de su mamá.

—¿Antonio qué?, continúa, no tengas miedo.

—Cuando estamos viendo televisión él empieza a tocar mis partes privadas y a pedirme que lo toque a él. A mí no me gusta, me da mucha vergüenza, pero él dice que si no lo hago tú me vas a castigar porque no obedezco tus órdenes.

La madre se da cuenta que la niña está sufriendo, la abraza y le pregunta:

—¿Por qué nunca me dijiste nada?

—Es que Antonio dijo que esto debe permanecer en secreto entre él y yo, y que si yo te lo contaba, él iba a decir que soy una mentirosa, grosera y desobediente y que tú me ibas a castigar.

—Hijita, tú no tienes la culpa de lo que te ha sucedido, discúlpame por no haber evitado que esto pasara. Pero esto no va a ocurrir más. De ahora en adelante no te quedarás con Antonio, y vamos a buscar ayuda para que vuelvas a ser la misma de antes. Dios te ama mucho, y tu papá y yo también.

Después de hablar con su mamá, Elisabet quedó muy tranquila y segura de que la amaban y la iban a proteger.

¿QUÉ ES EL ABUSO SEXUAL?

El abuso sexual es otra de las formas de violencia sobre el menor que se ejerce con mucha frecuencia pero que no se divulga. Una investigación llevada a cabo en España reflejó que el 23% de las mujeres y el 15% de los hombres han sido víctimas de algún tipo de abuso sexual en la infancia. Se define como "cualquier contacto de naturaleza sexual entre un menor y una persona de mayor edad, aun cuando sea con el aparente consentimiento del menor, pues tal contacto se considera abusivo ya que el menor carece del desarrollo emocional, congnoscitivo y físico para dar su autorización de manera consciente" (Sánchez, A., *El niño maltratado: una interacción*. Editorial Contemporánea, 1992).

El abuso sexual se considera como un crimen de abuso de poder y de confianza, acompañado de maltrato y dominación, del que no solo quedan cicatrices reales, sino que las heridas y huellas invisibles que produce quedan profundamente grabadas por años, de manera indeleble y suficientemente dolorosa como para impedir ser feliz en el futuro. Frente a las relaciones con otros se asume una actitud de desconfianza, temor y rabia.

Varios autores señalan que para considerar una relación como abuso sexual, es necesario que exista una diferencia mínima de tres años entre el abusador y la víctima. Cuando esta última es un adolescente, la diferencia debe ser de 10 años o más, y cuando la víctima es deficiente mental se asume que siempre es una relación abusiva, aunque el ofensor sea más joven.

Sin embargo, otros autores no tienen en cuenta la edad. Más bien, hacen énfasis en la existencia de una relación de desigualdad entre una persona con mayores habilidades para manipular y otra que no las posee al mismo nivel. El niño puede ser víctima de agresiones sexuales por parte de mayores, pero también puede serlo por parte de menores.

TIPOS DE ABUSO SEXUAL

El abuso sexual se presenta de diferentes formas las cuales se han clasificado en dos categorías:

Abuso sexual sin contacto

Incluye los comportamientos que no implican contacto físico con el cuerpo del niño, pero que de todas maneras le causan daño psicológico, como exhibirse con fines sexualmente insinuantes, tener relaciones sexuales con otra persona delante del niño, masturbarse, mostrarle materiales pornográficos como revistas, fotos, videos, películas, obligarle a desnudarse y otros.

Abuso sexual con contacto
Este hace referencia a comportamientos cuyo objetivo es la excitación y gratificación sexual del abusador a través del contacto físico con la boca, pechos, genitales, o cualquier otra parte del cuerpo de un niño. Incluye tanto el tocar y acariciar como la penetración vaginal, anal u oral.

¿QUIÉNES SON LOS ABUSADORES SEXUALES?
A pesar de que el abuso sexual es el tipo de violencia que permanece más oculta, ya que solo se conoce o denuncia en casos muy críticos, varias investigaciones concuerdan en que un niño tiene mayor probabilidad de ser abusado sexualmente en su casa, por parte de un familiar o de una persona muy cercana a la familia, que fuera de ella. Una investigación realizada por Comte reflejó que el 47% de los casos de abuso fueron perpetrados por parte de un familiar; el 40%, por parte de un conocido; y solo el 10% por parte de un desconocido. El abuso sexual es más frecuente en las niñas que en los niños, y en el 80% de los casos ocurre antes de los 12 años de edad.

En la mayoría de los casos, el abusador es un pariente, un vecino, un amigo de la familia, una persona que no genera desconfianza ni a la víctima ni a la familia. Debido a esa confianza, al niño le cuesta revelar oportunamente lo sucedido, pues el temor al escándalo paraliza toda acción por parte de la víctima.

El abuso ocurre en el contexto del secreto, la seducción, el soborno económico o la intimidación, lo cual es cuidadosamente manipulado por el adulto.

¿POR QUÉ LOS NIÑOS NO INFORMAN QUE ESTÁN SIENDO ABUSADOS?
I. Cuadros y J. Samper, en su obra *"Abuso sexual en los niños"* (*El drama de la niñez maltratada en Colombia*. Santa

Fe de Bogotá: Asociación colombiana para la defensa del menor maltratado), afirman que, en la mayoría de los casos, la impunidad y el desconocimiento se deben a:

1. Que el que ejecuta el acto es una persona conocida y de confianza de la víctima.

2. La diferencia de edad y de tamaño entre la víctima y el victimario.

3. La dinámica de poder y subordinación que se crea entre el abusador y el abusado.

4. Las amenazas e intimidación de maltrato o represalias que se imponen sobre la víctima.

5. El temor del menor a que no se le crea o no se le proteja.

Entre el 65 y 85% de los abusos sexuales son cometidos por familiares o conocidos de la víctima. En estos casos, por tratarse de un familiar o persona muy cercana, combina un trato amoroso con su conducta sexual. Hay que tener en cuenta que solo en un 10% de los casos los abusos están asociados con violencia física. Al niño se le halaga con buenos tratos, regalos y favores después de cada encuentro sexual. El niño piensa que esta es la manera como los adultos tratan a los niños que quieren. Sin embargo, dentro de ellos hay un sentimiento de culpa que contradice las palabras de afecto.

Eduardo era considerado en la iglesia como un padre modelo. Siempre estaba pendiente de su hija que tenía 12 años, pasaba mucho tiempo con ella y la complacía en todo. Cuando la niña reveló lo que le hacía su papá y tratamos de cortar con ese tipo de relación, Eduardo negó rotundamente lo que estaba sucediendo; la madre se mostró indiferente y el pastor dijo que eso era imposible, que él era un buen hombre y lo más seguro era que la niña había inventado todo. Nadie quería hacer nada al respecto.

Por lo general nos preguntamos si realmente hay incesto en la iglesia. ¿Por qué no tratamos de hacer algo para evitarlo? El caso de Eduardo nos responde la pregunta; si negamos que el problema existe, no tendremos que hacer nada para resolverlo.

La actitud del apóstol Pablo ante situaciones semejantes fue totalmente contraria a la que acabamos de considerar y es un buen ejemplo para nosotros hoy: "Es ya del dominio público que hay entre ustedes un caso de inmoralidad sexual... que uno de ustedes tiene por mujer a la esposa de su padre. ¡y de eso se sienten orgullosos! ¿No debieran, más bien, haber lamentado lo sucedido y expulsar de entre ustedes al que hace tal cosa?" (1 Corintios 5:1, 2).

Es tiempo de que la iglesia abra los ojos ante este tipo de situaciones y responda con amor, firmeza y responsabilidad.

IMPLICACIONES DEL ABUSO SEXUAL EN LOS NIÑOS

El abuso sexual a los niños es un crimen ante el que los adultos no podemos continuar con los ojos cerrados. Aunque no podemos generalizar sus consecuencias, y en la mayoría de los casos no somos conscientes de ellas, éstas por lo general son nocivas para el desarrollo integral del ser humano. Solamente un 20-30% de las víctimas permanecen estables emocionalmente después de la agresión. Entre 17-40% sufren cuadros clínicos, y el resto experimenta síntomas de uno u otro tipo (Wolfe, Gentile y Wolfe. Citado por Echeburúa, E. y Guerricaechavarría, *Abuso sexual en la infancia: víctimas y agresores, un enfoque clínico*. Barcelona: Editorial Ariel, S. A., 2000).

Así que todas las personas no reaccionan de la misma manera ante el abuso. La gravedad e intensidad de la situación depende de la interacción de varios factores como el tipo de abuso, la intensidad de la experiencia, la edad, las circunstancias del suceso, la capacidad de afrontamiento que tenga el menor, y el manejo que los padres hagan de la situación en el caso de que se den cuenta.

Consecuencias en la infancia y adolescencia

Al trauma que presentan algunas de las víctimas de abuso sexual se le ha llamado "trastorno de estrés postraumático" (Echeburrúa, E. y Guerricaechavarría, op. cit.). Se caracteriza por una sensación de miedo que las lleva a evitar personas, lugares y objetos que se asocian con el evento traumático, y que se expresan repetitivamente de las siguientes formas:

✔ Recuerdo intenso de la experiencia vivida, acompañado de imágenes, pesadillas y reacciones fisiológicas involuntarias como sudoración, aumento del ritmo cardiaco y cambios en la respiración.

✔ Ante la presencia de un objeto, persona o circunstancia que les reviva el abuso: irritabilidad, dificultad para concentrarse e insomnio.

✔ Tendencia a evitar los lugares asociados con el evento y negación a hablar sobre lo ocurrido.

✔ Los niños víctimas de estrés postraumático ocasionado por abuso se notan callados, atormentados y atrapados en su propio silencio y culpabilidad, con lo cual impiden la posibilidad de encontrar ayuda. Protegen así al agresor, pero con un sentimiento de rabia e impotencia para controlar su propia vida.

Todos estos sentimientos afectan la autoestima del niño y generan cambios en su comportamiento habitual.

También se identifican cambios en el comportamiento de los niños en cuanto a la sexualidad, como tocar los genitales de otras personas, jugar a hacer el amor, imitar comportamientos sexuales con muñecos y otros.

En la adolescencia se pueden presentar comportamientos que demuestran baja autoestima, como irresponsabilidad en el cumplimiento de sus deberes, autoagresión expresada en atentar contra su vida o consumo de sustancias nocivas como reacción a los conflictos que se les presentan.

Consecuencias del abuso sexual en la infancia que se manifiestan en la vida adulta

Aunque las consecuencias del abuso se manifiestan en diferentes áreas de la vida, es en el área sexual donde se manifiestan más directamente. A continuación se presentan algunas de las dificultades más comunes, pero hay que tener en cuenta que no se puede generalizar; no todas las disfunciones tienen su origen en abuso sexual.

✔ Imagen corporal: Especialmente las mujeres abusadas se sienten feas y poco atractivas.

✔ Sensación de suciedad: Se sienten sucias y se avergüenzan de sí mismas.

✔ Síntomas depresivos: temor, tristeza, sensación de fracaso, irritabilidad y otros.

✔ Disfunciones en las diferentes etapas del acto sexual: falta de deseo, dificultad para llegar al orgasmo y vaginismo, o sea dificultades para la penetración. En otros casos se observa una actividad sexual compulsiva, como en el caso de Adelaida que veremos más adelante.

✔ Cierto temor para establecer relaciones íntimas es otra característica de las personas abusadas. En algunos casos se presenta como una reacción fóbica, es decir un comportamiento que trata inconscientemente de evitar todo contacto sexual.

Adelaida, una muchacha de 19 años que es miembro del grupo de alabanza de una iglesia evangélica, me llamó para decirme que necesitaba urgentemente hablar conmigo. Me manifestó que tenía 6 semanas de embarazo, estaba aturdida y no sabía qué hacer.

Me compartió que hace dos semanas empezó a salir con un joven extraordinario que está estudiando para pastor.

El embarazo es de otro joven de la iglesia que está haciendo planes para casarse con una amiga de ella. Adelaida ha tenido tres abortos y le prometió a Dios que nunca volverá a quitarle la vida a un bebé.

Durante su infancia, cada fin de semana su papá llegaba borracho y abusaba de ella. Una vez trató de contarle a su mamá, pero ella no le creyó. En una ocasión vio a su mamá teniendo relaciones sexuales con un vecino. Ella dice:

—No tengo ni idea de cuántos hombres han pasado por mi vida; me he acostado con muchos, pero nunca he querido a ninguno. No me quiero ni a mí misma. Le pido a Dios que me ayude, me gusta predicar el evangelio, quisiera ser una misionera en algún lugar lejano. No sé qué hacer, ayúdeme por favor.

Pautas para tu libertad

AUTOEVALUACIÓN

Responde con Sí o No.

Sí   No

☐ ☐ 1. ¿Puedes reconocer características del abusador en personas cercanas a tus hijos?

☐ ☐ 2. ¿Dejas al niño a solas con estas personas?

☐ ☐ 3. ¿Se te dificulta instruir a tus hijos en el cuidado y valor del cuerpo?

☐ ☐ 4. ¿Has tenido pensamientos, deseos o conductas eróticas hacia tu hijo(a)?

☐ ☐ 5. ¿Has notado en tus hijos comportamientos sexualizados que pueden ser síntoma de abuso?

☐ ☐ 5. Cuando el niño te ha hecho algún comentario de sus experiencias ¿le has impedido exteriorizar sus ideas?

Si has contestado positivamente, debes replantear esta situación y aplicar pautas como las que encontrarás a continuación.

Encuentra una salida

Los cristianos no podemos permanecer pasivos ante la gravedad del abuso sexual. Tenemos que ponernos del lado de los que están comprometidos con diferentes programas de prevención. Además, tenemos en la Palabra de Dios recursos valiosos que pueden ayudar a los abusadores sexuales en su proceso de restauración. Las medidas para detener este flagelo son múltiples tanto a nivel de prevención como de corrección.

A nivel preventivo:

1. Proteger a los niños enseñándoles:
   - ✔ A quererse a sí mismos, a aceptar su cuerpo y valorarlo como algo maravilloso que Dios ha hecho.
   - ✔ A decir NO cuando una persona les pide hacer algo que es incorrecto.
   - ✔ Que no deben dejar tocar su cuerpo por alguna persona que les dice que eso es un secreto entre los dos.
   - ✔ Que cuenten a sus padres, maestros o personas que los cuidan cuando alguien les hace o pide hacer algo que les produce vergüenza, o creen que deben mantener en secreto.
   - ✔ Que hay caricias que son demostraciones de afecto, pero que si alguien las hace en privado y les dice que es un secreto, esto no es correcto y deben informar inmediatamente a sus padres.
   - ✔ Que hay secretos buenos y malos. Los malos nos hacen daño y no estamos obligados a guardarlos.

2. Educar a los adultos sobre qué es el abuso sexual, quiénes son los abusadores, cuáles son sus consecuencias y las alternativas de prevención.

En este proceso educativo hay que evitar caer en la sobresensibilización, o sea generar temores exagerados en los niños y en los adultos, de tal manera que se interpreten como indicadores de abuso las manifestaciones de afecto de los familiares y personas cercanas.

3. A fin de detener precozmente el abuso sexual, padres, maestros y personas que tienen niños bajo su cuidado deben observar si los indicadores que se señalan a continuación se presentan de manera repetitiva y en situaciones inadecuadas.
   - ✔ Cambios drásticos en el comportamiento habitual del niño como temores, pesadillas, agresividad, falta de sueño o de apetito.

✔ El niño simula el acto sexual con sus compañeritos o con muñecos.

✔ Toca no accidentalmente los genitales de niños o adultos.

✔ Se autoestimula compulsivamente o frota sus genitales contra el cuerpo de otras personas u objetos.

✔ Se nota contenido sexual en sus dibujos, conversaciones, o cuentos que el niño inventa.

Estos indicadores nos sirven solamente para sospechar la probabilidad de que se esté presentando el abuso, y evaluar de una manera más exacta si la sospecha es válida o no. En estos casos lo más indicado es consultar con personas especializadas en el tema.

A nivel correctivo:

Echeburúa presenta las siguientes pautas específicas de actuación para los cuidadores de una víctima de abuso sexual (Echeburúa, op. cit.).

1. Lo que se debe hacer:

✔ Demostrar que se le cree y confía en ella.

✔ Apoyarla y felicitarla por su valentía al contarlo.

✔ Escucharla con atención cuando quiera hablar de ello.

✔ Hacerle saber que no es responsable de lo ocurrido.

✔ Ofrecerle seguridad y protección.

✔ Respetar su intimidad y pedirle permiso para solicitar ayuda especializada.

✔ Informarla de sus futuras actuaciones.

2. Lo que no se debe hacer:

✔ Insistirle en que olvide lo sucedido.

✔ Presionarla para que cuente lo que pasó.

✔ Responsabilizarla o culparla de los abusos.

✔ Recriminarla por no haberlo contado antes.

✔ Adoptar actitudes sobreprotectoras.

3. Otro factor importante en la corrección es denunciar a los abusadores sexuales. El silencio solo contribuye a perpetuar esta situación.

4. Facilitar la restauración del abusador:
- ✔ Remitirle para que reciba ayuda especializada.
- ✔ Entender que es un ser humano por quien Cristo murió. Por lo tanto puede ser restaurado.
- ✔ Compartirle el mensaje de Dios.

¡Dios quiere ayudarte!

Como tenemos estas promesas, queridos hermanos, purifiquémonos de todo lo que contamina el cuerpo y el espíritu, para completar en el temor de Dios la obra de nuestra santificación (2 Corintios 7:1).

▶ ¿Cuáles pensamientos vienen a tu mente cuando piensas que tu cuerpo y tus emociones fueron contaminados?

_____

_____

▶ ¿Cuáles pecados se cometieron en contra tuya?

_____

_____

▶ ¿Qué sientes al pensar que Dios puede limpiar tus emociones?

_____

_____

▶ ¿Qué tienes que hacer para permitir al Espíritu de Dios sanar esa área específica de tu vida?

_____

_____

Unas palabras finales

LIBERACIÓN DE LOS EFECTOS DE LA VIOLENCIA FAMILIAR A TRAVÉS DEL PERDÓN

Es posible que al leer este libro y recordar situaciones de la infancia en las que fuiste objeto de violencia física, psicológica o sexual, experimentes ira o resentimiento hacia las personas que maltrataron tu cuerpo y tus emociones. En Génesis 37—45 encontramos un caso típico de violencia intrafamiliar.

José, uno de los hijos menores de Jacob, fue víctima de la envidia que le tenían sus hermanos por el trato especial que recibía de su padre. El corazón de sus hermanos ardía de celos y envidia. Trataron de deshacerse de él dejándolo abandonado en un pozo para que muriera de hambre. Después cambiaron de opinión y lo sometieron a la humillación de venderlo como esclavo. Para encubrir sus comportamientos violentos engañaron a Jacob su padre haciéndole creer que José había muerto atacado por una fiera.

Entre tanto, José fue llevado por unos mercaderes a Egipto y, después de superar muchas dificultades, llegó a ser una persona muy importante. Años después José se encuentra de nuevo con sus hermanos; seguramente recordaba la violencia física psicológica y de abandono de las que había sido víctima, y las heridas que le causaron el trato cruel y despiadado. Pero ya no sentía la ira, el enojo ni el dolor; por lo tanto no les guardaba rencor. Su relación permanente con Dios le había liberado de los sentimientos negativos que pudo experimentar hacia sus hermanos por las situaciones vividas.

Dios, que fue poderoso para sanar sus emociones, también tuvo el poder para ayudarle a olvidar el dolor y el sufrimiento. Le dio amor y compasión sin límites para tratar a sus hermanos y expresarles su perdón.

En la mayoría de los casos la restauración no sucede instantáneamente, es un proceso que se va dando a través del tiempo mientras dependemos continuamente del Señor. Así como lo hizo con José y con muchas personas a quienes he acompañado en estos procesos, lo puede hacer contigo también.

Lo que necesitas es una actitud de perdón, como la que tuvo Jesús cuando dijo: "Padre, perdónalos porque no saben lo que hacen" (Lucas 23:34). Dios sabe que es difícil perdonar. Él, que sufrió en carne propia la violencia física y psicológica, entiende tu dolor, se interesa por ti, y te dará la fortaleza necesaria para perdonar a las personas que te han maltratado. También perdonará los errores que has cometido al maltratar física, psicológica o aun sexualmente a algún miembro de tu familia, y te guiará a entrar en el proceso de restauración que necesitas. Sigue los siguientes pasos para perdonar:

1. Reconoce que eres un ser humano y continuamente cometes errores.
2. Decídete a perdonar a la(s) persona(s) que han ejercido cualquier tipo de violencia sobre ti.
3. Pide perdón a Dios por las heridas que muchas veces y aun sin intención has causado a otras personas.
4. Si tu integridad física o emocional están afectadas porque has sido víctima de la violencia, disponte a afrontar valientemente esta situación.
5. Permite que afloren los sentimientos que están represados en lo profundo de tu ser, ira, enojo, amargura, dolor.
6. Pídele al Señor que derrame su bálsamo sanador sobre

tus heridas y recuerdos, y permítele que te llene de su amor.

7. Ahora disponte a vivir en armonía contigo mismo(a) y con tu familia, y a ser un instrumento de paz.

LA IGLESIA FRENTE A LA VIOLENCIA INTRAFAMILIAR

Una de las características de la iglesia cristiana de las últimas décadas es su preocupación por volver al evangelio integral o sea, un evangelio que responda a las necesidades físicas, emocionales y espirituales del ser humano, inspirado en el modelo de nuestro Señor Jesucristo que se sintetiza en Lucas 4:18, 19:

> El espíritu del Señor esta sobre mí, por cuanto me ha ungido para anunciar buenas nuevas a los pobres. Me ha enviado a proclamar libertad a los cautivos y dar vista a los ciegos, a poner en libertad a los oprimidos, a pregonar el año del favor del Señor.

Pero no siempre ha sido así. Durante un largo período la iglesia pensó que su única misión era la evangelización, olvidando que la salvación ofrecida por Jesús es integral. Afortunadamente la controversia entre evangelización y responsabilidad social se ha quedado atrás. Temas como derechos humanos, paz, justicia y violencia, son objeto de análisis y reflexión en diversos foros y mesas de trabajo en nuestras iglesias, instituciones, asociaciones y organizaciones evangélicas, generando así un mayor compromiso con las necesidades del mundo en el que estamos inmersos en nuestra calidad de personas y como comunidad cristiana.

La violencia intrafamiliar es un tema ante el que la iglesia ha permanecido en silencio. Pero es tiempo de romperlo. La iglesia no se puede mantener callada frente a un fenómeno cuyas consecuencias obstaculizan la construcción de una sociedad mejor. Debe denunciar en el nombre de la justicia de Dios los atropellos del que son objeto los miembros de la familia, especialmente las mujeres y los niños.

La iglesia no puede asumir una posición de neutralidad. Como dice Víctor Arroyo: "Frente al problema de los derechos humanos no podemos plantear la posibilidad de una neutralidad, porque no hay una neutralidad posible frente a la dignidad humana: o estamos por el valor y el respeto a la vida o simplemente no estamos por esa valoración, no hay pues un punto intermedio" (Arroyo, V., en *Los derechos humanos y el reino de Dios*. René Padilla, ed. Fraternidad Teológica Latinoamericana, 1992).

La iglesia está en contra de la violencia intrafamiliar y se compromete con su prevención y/o rehabilitación, o continúa ignorándola y por lo tanto haciéndose cómplice de ella; o más aun, viviéndola y perpetuándola inclusive en sus propios hogares. No es suficiente que se tenga una doctrina sobre los derechos humanos, es necesario que se comprometa con ella.

La violencia en la familia no puede verse solamente como un fenómeno individual que cada uno tiene que resolver aisladamente. A través de la cultura de los derechos humanos hoy se la considera como un problema social del que todos tenemos que responsabilizarnos y la iglesia juega un papel importante en este hecho.

Es tiempo de que la iglesia rompa con el silencio, aclarando que en la familia la cultura de los "derechos" debe ser paralela a la cultura de los "deberes", porque en una sociedad donde cada persona o grupo se especializa en reclamar sus derechos sin preocuparse por cumplir con sus deberes, va a existir la injusticia. Así que para que el sistema familiar sea más democrático es necesario que cada miembro de la familia participe con disciplina y responsabilidad.

Recursos para combatir la violencia familiar

La iglesia de Cristo es una comunidad que cuenta con muchos recursos para combatir la violencia intrafamiliar, entre estos tenemos:

- ✔ Principios bíblicos sobre la dignidad y el valor del ser humano, creado por Dios a su imagen y semejanza.
- ✔ Una comunidad cuya misión es la transformación humana, la justicia y el testimonio de las buenas nuevas del reino de Dios.

✔ Recursos humanos: profesionales en las diferentes áreas del saber como psicólogos, abogados, sociólogos, maestros, médicos y otros. Algunos de ellos estarían dispuestos a recibir entrenamiento para ministrar a las personas en las áreas de prevención y rehabilitación de la violencia intrafamiliar.

✔ Recursos físicos: instalaciones locativas y material didáctico que podríamos utilizar para llevar a cabo diferentes actividades a nivel de prevención y de rehabilitación.

✔ Capacidad de convocatoria que difícilmente tienen otros grupos sociales. La iglesia cita a sus creyentes quienes responden y siguen las instrucciones de sus líderes cuando están sustentadas bíblicamente.

✔ Ante la crisis que está viviendo la familia de hoy, la sociedad está volviendo sus ojos a la iglesia esperando recibir de ella ayuda y dirección.

¿Qué puede hacer la iglesia?

La iglesia, motivada por su fe en Cristo, debe levantar su voz profética y denunciar el terrible secreto de la violencia familiar. Además, debe acompañar a las personas involucradas en tales situaciones a fin de que encuentren, inspiradas en la Palabra de Dios, formas no violentas para resolver sus conflictos.

1. ACCIONES PARA LA PREVENCIÓN

"Prevenir es mejor que lamentar". La prevención consiste en acciones concretas, dirigidas a evitar que los miembros de la familia que tienen más poder maltraten a los más débiles; es quizá en este aspecto donde la iglesia tiene un mayor campo de acción.

✔ Concientización

Es necesario que la iglesia esté plenamente consciente de que, como cristianos, somos ciudadanos del reino de Dios pero que también somos ciudadanos del mundo y debemos conocer nuestros derechos y deberes, porque a su vez éstos se constituyen en derechos y deberes de los demás.

La concientización debe incluir información sobre lo que es la violencia familiar, cómo se manifiesta, sus consecuencias y la responsabilidad que tenemos que asumir para disminuirla.

✔ Educación para la convivencia familiar

A través de acciones dirigidas a fortalecer las relaciones de pareja por medio de talleres, foros, entrenamiento en habilidades para resolver los conflictos de manera no violenta, habilidades de comunicación, autocontrol, manejo del estrés y toma adecuada de decisiones.

✔ Formación para la vida

A través de actividades educativas dirigidas a todas las personas, antes de que formen pareja y tengan hijos, a fin de que cuenten con la información sobre las dificultades que se presentan generalmente en la relación conyugal, y sobre las características de los niños en sus diferentes etapas de la vida.

✔ Autoestima

Facilitar, a través de los valores cristianos, el desarrollo de una autoestima adecuada en los niños, y el mejoramiento de ésta en los adultos, como seres humanos a imagen de Dios.

✔ Autocuidado

Enseñar a los niños a que se protejan brindándoles mecanismos para evitar situaciones de abuso. En los casos de maltrato físico a las mujeres, se les debe proveer información sobre cómo cuidarse y buscar la protección adecuada.

✔ Disciplina de los hijos

Educar a los padres sobre la crianza de los hijos, brindándoles estrategias que les lleven a sustituir el castigo físico por medidas disciplinarias mas efectivas y saludables para su formación integral.

2. ACCIONES PARA LA PROTECCIÓN Y APOYO

Son acciones de la iglesia dirigidas a identificar situaciones de maltrato, acompañando a las víctimas y apoyándolas para que interrumpan los ciclos de la violencia, y orientándolas para que restauren su valor y dignidad como personas.

Proveer un espacio seguro para que la mujer víctima de maltrato físico agudo pueda tranquilizarse y buscar los mecanismos de apoyo como atención médica, psicológica y judicial en los casos que sea necesario.

✔ Grupos de reflexión y ayuda mutua

En el caso de la mujer, crear agrupaciones que le brinden afecto, además de espacios para contar sus experiencias, expresar sus sentimientos, escuchar sugerencias, reflexionar sobre su situación y buscar la ayuda de Dios.

✔ Orientación para utilizar los recursos de la comunidad

La iglesia debe conocer los recursos que existen en su comunidad para proveer protección física, orientación jurídica y psicológica, trabajo y vivienda para las víctimas de violencia marital, así como también conocer los centros de información y atención disponibles a los que se puede remitir a las víctimas de la violencia familiar en los casos que lo ameriten.

✔ Campañas

La iglesia debe organizar campañas dirigidas a reducir la incidencia de ataques contra las mujeres y contra los castigos crueles hacia la niñez.

✔ Restauración

Se deben llevar a cabo programas de recuperación con los niños que continuamente han sido testigos de la violencia familiar, a fin de liberarles de las consecuencias emocionales que este impacto les puede generar.

Además, debe organizar campañas dirigidas a la restauración emocional y espiritual de todo tipo de personas, víctimas de la violencia familiar.

✔ Eliminar discriminaciones

Eliminar formas de discriminación contra la mujer, al revisar la interpretación inadecuada de algunos textos bíblicos que estimulan la desigualdades de género y proponen la superioridad del varón. Esta es una de las situaciones generadoras de conflictos que, en repetidas ocasiones, se tratan de resolver con violencia física y/o psicológica.

3. REORIENTACIÓN DE LOS AGRESORES

✔ No rechazarlos

Reconocer que las personas que agreden física, psicológica y/o sexualmente, son seres humanos como cualquiera de nosotros que probablemente también fueron objeto de violencia en su niñez; ayudarles a entender que con sus agresiones no sólo hacen daño a los otros, sino también a sí mismos.

✔ Ministrarles

Comunicarles que, como personas son aceptadas, amadas y acompañadas, ayudándoles a entender que necesitan corregir sus comportamientos inadecuados, y que en algunos casos deben ser remitidos a tratamientos profesionales.

✔ Reeducarlos

Organizar actividades donde las personas que están en restauración aprendan nuevas formas de relacionarse con sus familias.

✔ Redes de apoyo

Crear pequeños grupos que apoyen sin criticar ni juzgar a las personas que están experimentando sus procesos de restauración.

La iglesia no acepta la violencia, pero sí al agresor como una persona por quien Jesús murió.